Mosaik
bei GOLDMANN

Buch

In diesem Buch zeigt der Finanzexperte Bernd W. Klöckner die Methoden und Gesetzmäßigkeiten der ertragreichen Geldanlage auf und weist den sicheren Weg in die finanzielle Unabhängigkeit. Der Leser erfährt in klaren und leicht verständlichen Worten alles über die Auswahl von Geldanlagen und welche psychologischen Fallen den Anleger viel Geld kosten. Außerdem informiert das Buch darüber, welche Geldanlagen wirklich Gewinn bringen und wie man risikofrei reich wird. Auch Finanzeinsteiger lernen leicht und sicher mit Geld umzugehen.

Autor

Bernd W. Klöckner gehört zu den gefragtesten Finanz- und Erfolgstrainern im deutschsprachigen Raum. Sein langjähriges Spezialgebiet ist das Geldtraining für finanzielle Unabhängigkeit. (mail@berndwkloeckner.de)

Von Bernd W. Klöckner außerdem bei Mosaik bei Goldmann:

BERND W. KLÖCKNER

Reich
ohne
Risiko

Wie Sie 10% Rendite
und mehr erzielen
in guten und in schlechten
Börsenzeiten

Mosaik
bei GOLDMANN

Wichtiger Hinweis: Alle Lektionen wurden sorgfältig recherchiert. Es wird jedoch keine Garantie für genannte Zinsen, Gewinne oder Berechnungen übernommen. Trotz größter Sorgfalt können sich Fehler auch in einzelnen Berechnungen eingeschlichen haben. Auch für solche Fehler und darauf folgende, mit einem falschen Ergebnis verbundenen Anlageentscheidungen übernimmt weder der Autor noch der Verlag die Haftung. Die Chancen, die in diesem Buch für die Geldanlage besonders in Aktien und Aktienfonds genannt werden, sind ebenfalls keine Garantie. In Zeiten andauernder wirtschaftlicher Schwäche kann es über Jahrzehnte zu Kursverlusten an den Börsen kommen. Zwar wird in diesem Buch eine verblüffend einfache Strategie gezeigt, wie Anleger (in der Vergangenheit) ausnahmslos und selbst in schlechtesten Börsenzeiten teils zweistellige Renditen verdienen konnten. Eine Gewähr für solche zweistelligen Renditen wird aber naturgemäß nicht übernommen.

Umwelthinweis:
Alle bedruckten Materialien dieses Taschenbuches
sind chlorfrei und umweltschonend.

Originalausgabe Mai 2002
© 2002 Wilhelm Goldmann Verlag, München,
ein Unternehmen der Verlagsgruppe Random House GmbH
Umschlaggestaltung: Design Team München
unter Verwendung folgender Fotos:
Manfred Riege, Fotostudio Nassau
Redaktion: Peter Issing
Satz: Uhl + Massopust, Aalen
Druck: GGP Media, Pößneck
Verlagsnummer: 16448
Kö · Herstellung: Max Widmaier
Printed in Germany
ISBN 3-442-16448-6
www.goldmann-verlag.de

1 3 5 7 9 10 8 6 4 2

INHALT

Geldprodukte für Gewinner

Teil A: Reich ohne Risiko mit Aktien

Teil B: Reich ohne Risiko mit Investmentfonds

VORWORT

»Reich ohne Risiko«? Gibt es das? Bedeutet reich werden nicht, auf hohe Gewinne zu spekulieren und damit auch auch hohe Risiken einzugehen? Das muss nicht sein. Wer die richtige Einstellung mitbringt und die wichtigsten Gesetzmäßigkeiten und Geldstrategien für Gewinner kennt, kann auf Dauer durchaus sorglos reich werden. In diesem Buch verrate ich Ihnen alles, was Sie an Geld-Know-how brauchen, um den Traum von sorglosem Reichtum zu leben. Sie erfahren eine besonders einfache, verblüffende Sorglosstrategie zu Reichtum und Wohlstand. Sie erfahren auch, warum sich manche vermeintlich Risiko senkende Geldstrategie in Wahrheit als teuer oder schlichtweg unsinnig erweist. Ebenfalls gilt: Wer reich ohne Risiko werden will, muss GeldverANTWORTung übernehmen. Ohne GeldverANTWORTung reich werden, das funktioniert nicht. Einfach bis zum 50. oder 60. Lebensjahr warten, stets alles Geld ausgeben, was man verdient, und dann noch einmal schnell in wenigen Jahren reich werden wollen, diesen Wunsch kann ich Ihnen nicht erfüllen. Diesen Wunsch kann Ihnen niemand erfüllen, gleich wie viel er auch verspricht.

Dieses Buch ist sowohl ein Einsteigerbuch als auch ein Buch für Fortgeschrittene. Es ist kein reines Börsenbuch. Es ist auch kein Buch nur über Investmentfonds. Aber es geht natürlich zu einem großen Teil um Aktien, Börse und Investmentfonds. Dieses Buch ist besonders dann gut für Sie geeignet, wenn Sie von all den vielen Börsenstrategien und Fondskonzepten schlichtweg die Nase voll haben und einfach reich werden wollen. Das entscheidende Wort ist »einfach«. So bietet dieses Buch keine konkrete Empfehlung zum schnellen Reichtum mit Aktien und/oder Investmentfonds. Zumal jede Empfehlung in einem Buch bis zu dessen Erscheinen ohnehin nur selten aktuell sein kann. Ich verrate auch keine Geheimnisse für angeblich immer schnelleres Reichwerden an der Börse in immer weniger Jahren. Für diese Gebiete gibt es andere Bücher, die sich speziell nur mit Aktien und Investmentfonds beschäftigen. Mal mehr, mal weniger erfolgreich.

Meine Botschaft für Sie lautet: Reich werden, reich sein ohne Risiko ist möglich. Für jeden. Es geht lediglich darum, die grundlegenden Gesetze des Geldes zu kennen, anzuwenden und mit den richtigen Geldstrategien und Geldprodukten zu kombinieren. Die Formel zu Reichtum lautet in diesem Fall: **GG × GS × GP.** Also: *GeldGesetze* für Gewinner kombiniert mit *GeldStrategien* für Gewinner kombiniert mit *GeldProdukten* für Gewinner. Das ist alles. Das ist die Formel, gegen die Sie nicht verstoßen dürfen. Alle drei Bestandteile der Formel sind dabei wichtig. Die Kenntnis der richtigen Geldgesetze und Geldstrategien führt bei Wahl der falschen Geldprodukte ebenso ins finanzielle Aus, wie wenn Sie zwar die richtigen Geldprodukte wählen und die wichtigsten Geldgesetze beachten, aber die falsche Geldstrategie wählen.

Die Idee zu diesem Buch verfolge ich bereits seit über fünf Jahren. In den letzten Jahren lernte ich Hunderttausende von Seminarteilnehmern und Lesern meines monatlich erscheinenden Coaching-Briefes kennen. Die meisten hatten eine Frage: »Wie kann ich, ohne zum Geldprofi werden zu müssen, ohne Risiko oder mit möglichst geringem Risiko reich werden?« Viele meiner Seminarteilnehmer und Coaching-Brief-Abonnenten erzählten mir dabei manche abenteuerliche Geschichte, wie sie Geld über Jahre falsch angelegt und letztlich vernichtet haben. Die Ursache war nicht selten, dass diese Leute im Vertrauen auf eine vermeintliche Superstrategie viel Geld in ein vermeintliches »Supergeldprodukt« investierten, und einige Zeit später hatte sich das eingesetzte Kapital bereits beträchtlich vermindert. Werden derartige Fehlentscheidungen mehrfach nacheinander getroffen, ist das eingesetzte Kapital irgendwann verloren. Das genau ist die Botschaft dieses Buches: Finanzieller Erfolg, persönlicher Reichtum und Wohlstand ist in allen mir bekannten Fällen eben nicht die Folge einer außergewöhnlichen Geldanlage. Reichtum und Wohlstand sind vielmehr bei den meisten der mir bekannten Fälle, und das sind einige tausend, die Folge des Einhaltens klarer Geldregeln.

Ausdrücklich möchte ich Sie vor allen »Experten« warnen, die Reichtum, die finanziellen Wohlstand mit Zeitangaben versprechen. Reich in drei Jahren, Millionär in fünf Jahren oder wie auch immer all die Versprechen heißen. Seien Sie sich sicher: In der Mehrzahl der Fälle will man mit dieser Kombination aus Gewinn und Zeitangabe, also beispielsweise »Reich in drei Jahren« nur Ihre Gier wecken. Und genau diese Gier ist eine der Emotionen, die bereits viele Anleger arm gemacht hat. Seien Sie sich immer dessen bewusst: Wenn es jemanden gäbe, der wüsste, wie jeder innerhalb einer bestimmten Zeit reich werden kann, dann würde dieser Jemand garantiert keine Bücher schreiben, sondern Pina Colada auf den Bahamas trinken.

Nicht von ungefähr lautet der Titel dieses Buches »Reich ohne Risiko«. Ohne Zeitangabe! Die Mehrzahl der Anleger spart noch immer einen Großteil ihres Geldes in niedrig verzinsliche Geldanlagen wie in Spareinlagen (inklusive Bausparen). Genau genommen, machten im Jahr 2000 Spareinlagen bei Banken und Bausparkassen rund 30 Prozent der Geldanlagen aus. Machen Sie es ein wenig anders. Machen Sie es besser!

Viel Erfolg!

GELDGESETZE FÜR GEWINNER

1. Das Wunder Zinseszins

Den Inhalt dieser Lektion finden Sie vermutlich in ähnlicher Form in anderen Büchern, in jedem Fall auch in meinen Geldbüchern »Systematisch reich« und »Systematisch reich mit Aktienfonds«. Der Vollständigkeit halber beschreibe ich noch einmal die Zinseszinswirkung anhand einer kleinen, aber spannenden Geschichte mit einem überraschenden Ergebnis:

Vor vielen, vielen Jahren, im Jahr eins nach unserer Zeitrechnung legte ein sparsamer Hirte einen einzigen Cent zur Seite. Er legte diesen Cent auf einer der damals bereits vorhandenen Banken zu vier Prozent Zins an. Dieser eine Pfennig wurde von unserem Hirten schlichtweg vergessen. Dann, zweitausend Jahre später, erhalten Sie ein Schreiben einer schweizerischen Bank. Sie wären, schreibt man Ihnen, der Nachkomme dieses Hirten und könnten Ihr Guthaben abholen. Sie ahnen, Sie sind eine reiche Person. Sie ahnen, dass es eine unvorstellbare Summe Geld sein muss. Doch Sie werden kaum erraten, welch unvorstellbares Vermögen Sie nun besitzen. Schätzen Sie einmal selbst. Schätzen Sie eine eigene Zahl, bevor Sie weiterlesen. Schätzen Sie irgendeine für Sie unglaublich klingende Zahl.

Ich verrate es Ihnen: Es sind
117 000 000 000 000 000 000 000 000 000 000 Cent.

Verstehen Sie! Die Auszahlsumme wäre eine gigantische und nahezu unaussprechliche Summe von 117 Quintillionen Cent. Wobei irgendwelche klugen Leute einmal ausgerechnet haben, dass allein 870 Quadrillionen Cent bereits 588 Goldkugeln entsprechen würden, und jede Goldkugel hätte dabei die Größe der Erde.

Aber es wird noch besser: Wenn dieser eine Cent des Hirten im Jahre 1 unserer Zeitrechnung durchweg mit 5 Prozent statt mit 4 Prozent verzinst worden wäre, entspräche das einem Betrag von 23 900 000 000 000 000 000 000 000 000 000 000 000 Cent. Dieser Betrag entspricht fast 16 000 Billionen Goldkugeln von der Größe der Erde.

Die Botschaft lautet: Der Zins- und Zinseszinseffekt ist gewaltig. Je mehr Sparzeit zur Verfügung steht, desto größer ist die Wirkung dieses Effekts. Die Wirkung von Zins- und Zinseszins ist das wichtigste Geldgesetz.

Zu Reichtum gibt es nur eine einzige Formel: Entweder Sie verfügen über viel Zeit und müssen nur wenig Geld anlegen, um dennoch reich zu werden. Oder Sie verfügen über nur noch wenig Zeit und brauchen dementsprechend viel Geld. Oder Sie haben trotzdem nur wenig Geld und brauchen daher eine hohe Rendite. Wenn Sie jedoch eine hohe Rendite brauchen, um Ihre finanziellen Ziele noch zu erreichen, steigt möglicherweise das Risiko, und die Strategie »Reich ohne Risiko« rückt in weite Ferne. Die Faktoren bestimmen Sie allein. Wollen Sie mit Sparen und Investieren reich werden, gibt es nur die folgenden **Wege zu Reichtum:**

- Wenig Geld × wenig Zeit × sehr hohe Rendite
- Wenig Geld × viel Zeit × durchschnittliche Rendite
- Viel Geld × wenig Zeit × durchschnittliche Rendite
- Viel Geld × viel Zeit × geringe Rendite

Gefährlich ist, lediglich der erste Weg. Denn wenn Sie nur noch eine sehr hohe Rendite zu Reichtum führen kann, steigt Ihr Risiko. Dann ist die Gefahr groß, dass Sie Fehler machen. Kommt es dann zu Fehlern und ersten (größeren) Verlusten, sitzen Sie in der Verlustfalle und erreichen Ihr Ziel »Reich ohne Risiko« wahrscheinlich nicht mehr. Am besten ist:

Möglichst viel Geld × möglichst viel Zeit × möglichst gute Rendite

1. Reichtums-Gesetz

Manchmal ist es besser, einen Tag im Monat über sein Geld und die finanzielle Planung nachzudenken als 20 Tage im Monat immer nur für Geld zu arbeiten. Legen Sie einen solchen Geldtag im Monat ein. Nehmen Sie Ihr Geld ernst. Lassen Sie Ihr Geld für sich arbeiten! Tag für Tag, Monat für Monat, Jahr für Jahr!

Entscheidend ist auch: Legen Sie die Erträge immer wieder an. So nutzen Sie optimal den Zinseszinseffekt! Meiden Sie zwischenzeitlichen Konsum für irgendwelche unnützen Dinge. Geben Sie dafür kein Geld aus. Sparen bedeutet Konsumverzicht. Verzichten Sie also auf Konsum, sparen und investieren Sie. Denken Sie immer wieder an das Beispiel unseres Hirten und die verblüffende Geldvermehrung über Zins und Zinseszins.

2. Warum Sie sich mit diesem Buch beschäftigen sollten – ob Sie das wollen oder nicht

Meine Meinung ist: Sie müssen sich mit Ihrem Geld und Ihrer privaten Finanzplanung beschäftigen. Sie müssen das tun! Die gesetzliche Rentensituation steuert auf eine desolate Situation zu. Einige Leute behaupten, die Situation der gesetzlichen Rentenversicherung sei bereits desolat und kaum noch zu retten. Niemand, der heute unter 50 Jahre alt ist, weiß, was er eines Tages noch an gesetzlicher Rente nach dem Erwerbsleben zu erwarten hat. Und diejenigen, die bereits die Rente in greifbarer Nähe wissen, können keineswegs sicher sein, dass es nach den ersten Jahren des Rentenbezugs keine drastischen Reduzierungen der Renten geben wird. Oder nehmen wir den Fall des 55-jährigen Karl S. Er ist Verwaltungsleiter in einem Unternehmen. Er hat sich bereits seine gesetzliche und betriebliche Altersversorgung genauestens ausgerechnet. Bis eines Tages das Unternehmen, für das er arbeitet, verkauft wird. Es geht dem Unternehmen sehr schlecht. Plötzlich ist die sicher geglaubte betriebliche Altersversorgung gefährdet.

Die Botschaft lautet also: Ob Sie wollen oder nicht, Sie müssen sich mit Ihrem Geld beschäftigen. Dabei spielt es keine Rolle, ob Sie noch jung sind oder bereits etwas älter. Sie müssen sich mit Ihrem Geld beschäftigen. Und nichts wäre besser, als wenn es zu Ihrer Sicherheit Gesetzmäßigkeiten gäbe, wie Sie auf Dauer reich ohne Risiko werden können.

Nehmen wir einmal an, Sie möchten sich eines Tages, beispielsweise in 15 Jahren, eine private Rente von monatlich 2000 Euro auszahlen wollen. Ihre Entnahmezeit, also die Dauer Ihrer monatlichen Entnahme von 2000 Euro, soll 30 Jahre betragen. Um sich diese Entnahme leisten zu können, brauchen Sie, einen effektiven Zins von fünf Prozent in dieser Entnahmezeit unterstellt, zu Beginn Ihrer privaten Rentenzeit ein Vermögen von knapp 400 000 Euro. Das bedeutet: Sie müssen in den verbleibenden Jahren 400 000 Euro ansparen. Wenn Sie nun die 400 000 notwendigen Euro mit fünf Prozent ansparen wollen, müssen Sie die kommenden 15 Jahre den stolzen Betrag von monatlich rund 1500 Euro sparen und erfolgreich investieren. Setzen Sie dagegen auf einen bislang erfolgreichen Aktienfonds und kalkulieren mit durchschnittlich neun Prozent Rendite pro Jahr in den kommenden 15 Jahren, müssen Sie rund 1100 Euro im Monat sparen. Immer noch ein stolzer Betrag, den nur wenige jeden Monat zur Seite legen können.

Fazit: Sparen und investieren Sie rechtzeitig möglichst hohe Beträge mit möglichst gutem Gewinn bei möglichst geringem Risiko. Das ist alles. Für alle Daueroptimisten im Folgenden noch ein Blick auf die Versorgungslücke im Alter:

So lesen Sie die Tabelle: Wer ein Jahreseinkommen von 75 000 Euro brutto hat, für den beträgt der Versorgungsgrad voraussichtlich rund 27 Prozent. Statt 75 000 Euro brutto verfügt er dann eines Tages über gerade mal 20 250 Euro im Jahr. Ausgehend von einem so genannten Versorgungsgrad von 66 Prozent

Je höher das Einkommen, desto größer die Versorgungslücke

Bei einem Bruttojahres-einkommen von	beträgt der Versorgungsgrad aus der gesetzlichen Rentenversicherung	damit ergibt sich bei einem Versorgungszeit von 66 % des letzten Bruttoeinkommens eine Lücke von

Bruttojahres-einkommen	0 %	10 %	20 %	30 %	40 %	50 %	60 %
100 000		20%		46%			
		21%		45%			
90 000		22%		44%			
		24%		42%			
80 000		25%		41%			
		27%		39%			
70 000		29%		37%			
		31%		35%			
60 000		34%		32%			
		36%		30%			
49 200		41%		25%			

Annahmen: 5 Versicherungsjahre (3 Jahre Ausbildung, 17 Jahre Übergangszeit, 25 Jahre Höchstbeitrag) ergeben eine monatliche Rentenerwartung von 1700 €, dies entspricht einer Jahresrente in Höhe von 20 400 € (Schätzwerte).

des letzten Bruttoeinkommens (66 Prozent von 75 000 Euro entsprechen 49 500 Euro) fehlen immerhin 29 250 Euro im Jahr oder rund 2400 Euro im Monat.

Die »Im Alter brauche ich weniger«-Illusion

Manche Leute sagen jetzt »Im Alter brauche ich auch nicht mehr so viel Geld«. Gefährlicher Irrtum! Denn: Wann geben Sie das meiste Geld im Laufe eines Monats aus? Während der Zeit, in der Sie arbeiten, oder in der freien Zeit? Die Antwort lautet: In der freien Zeit geben wir das meiste Geld aus. Abends, am Wochenende, im Urlaub. Wie viel Freizeit, wie viel freie Tage haben Sie während Ihres Erwerbsleben? Gehen wir von 30 Tagen Urlaub im Jahr aus, addieren wir großzügig 30 Feiertage und 52 Wochenenden mit jeweils zwei Tagen, kommen wir, großzügig gerechnet, auf

	30 Tage Urlaub
plus	30 Feiertage
plus	104 freie Wochentage

164 Tage

Das bedeutet in unserem Beispiel: Mit 75 000 Euro brutto finanzieren Sie sozusagen 164 Tage Freizeit. 164 Tage mit Spaß, Vergnügen, Hobbys, Urlaub usw. Die alles entscheidende Frage ist nun: Wie viel freie Tage haben Sie eines Tages, wenn Sie nicht mehr arbeiten? Richtig, 365 Tage im Jahr. Also 365 Tage Freizeit für Spaß, Vergnügen, Hobbys, Urlaub usw. Also mehr als doppelt so viele Tage, die Sie Geld kosten bei nur noch in unserem Beispiel einem guten Viertel (27 Prozent) des Einkommens von 75 000 Euro. Das Ergebnis: Entweder sinkt Ihr Spaß- und Freizeitfaktor im Alter erheblich, oder Sie tun etwas. Handeln Sie sofort, nachdem Sie dieses Buch gelesen haben. Sie haben keine Wahl. Sie müssen handeln!

2. Reichtums-Gesetz

Reich werden kann man lernen. Reich werden ohne Risiko ebenfalls. Wer hier rechtzeitig reagiert, spart und investiert, wird eines Tages im Alter keine oder nur eine geringe Versorgungslücke haben. Wer nicht rechtzeitig reagiert, riskiert ein Alter in Armut. Ob Sie wollen oder nicht: Sie müssen sparen. Auch dann noch, wenn Sie nur noch wenige Jahre Zeit haben. Es ist niemals zu spät, die private Finanzplanung zu überarbeiten, die finanziellen Dinge in Ordnung zu bringen. Im Gegenteil: Gerade auch dann, wenn Sie nur noch wenige Jahre bis zum so genannten Ruhestand – der wohl eher als Unruhestand bezeichnet werden sollte – haben, ist es höchste Zeit, dass Sie Ihre finanzielle Situation überprüfen und Ihre finanzielle Zukunft sorgfältig planen.

3. Das Reichtums-Dreieck:
Was Sie in jedem Fall beachten müssen

Fast in jeder persönlichen Finanzplanung werden zwei wichtige Punkte auf dem Weg zu einem größeren Vermögen vergessen. Entscheidend ist nämlich nicht allein der erzielte Gewinn, der erzielte Zins. Maßgeblich sind die beiden Größen Steuer und Inflation. Alle drei Größen bilden das Reichtums-Dreieck:

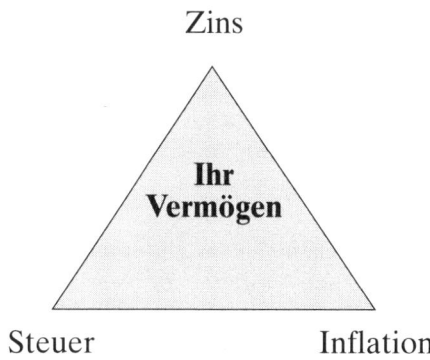

Das bedeutet: Wer reich ohne Risiko werden will, für den ist nicht nur der Faktor Zins entscheidend. Vielmehr ist es wichtig, das »Steuer- und Inflationsrisiko« zu berücksichtigen. Wie sehr – neben dem erzielten Zins – dieses Steuer- und Inflationsrisiko Einfluss auf die Vermögensbildung hat, zeigt die folgende Darstellung:

Welche Geldanlagen wirklich Gewinn bringen

Anlageart	Zins	Steuer	Inflation	Gewinn
Aktien, Aktienfonds	9	0,5	3	5,5
Kapital-, Lebens- und private	6,5	0	3	3,5
Rentenpapiere, Rentenfonds	6	1,8	3	1,2
Festgeld	4	1,2	3	– 0,2
Immobilien, offene Immobilienfonds	5	1,5	3	0,5
Bausparen	4	1,2	3	– 0,2
Festverzinsliche Wertpapiere	4	1,2	3	– 0,2
Sparbuch	2	0,6	3	– 1,6

Bei dieser Tabelle wurde mit einem Steuersatz von 30 Prozent gerechnet. Je nach steuerlicher Situation verbessert sich der Gewinn in Einzelfällen. Auf der anderen Seite fallen selbst hohe steuerliche Freibeträge mit zunehmendem Vermögen immer weniger ins Gewicht, der steuerpflichtige Anteil wird immer größer. Werden die Einflussgrößen Steuer und Inflation also grundsätzlich berücksichtigt, stellt sich die Geldanlage in Festgeld, Bausparverträge, festverzinsliche Wertpapiere und Sparbuch als Vermögensvernichtungsanlage heraus. Verstehen Sie das! Auf den ersten Blick handelt es sich um durchaus interessante, risikoarme Geldprodukte. Auf den zweiten Blick handelt es sich um Vermögensvernichtungs-Geldanlagen.

An dieser Stelle lohnt noch einmal ein Blick auf eine Frage der Emnid-2000-Umfrage, bei der Mehrfachnennungen möglich waren: Rund 43 Prozent der Anleger bevorzugen Bausparverträge als Maßnahme für die private Altersvorsorge. Knapp 40 Prozent setzen auf das Sparbuch. Rund 20 Prozent auf Festgelder und jeweils rund zehn Prozent auf Immobilienfonds und Rentenpapiere (festverzinsliche Wertpapiere). Alle Anleger, die so handeln, setzen damit – je nach steuerlicher Situation – auf Geldanlagen, die unterm Strich Geld vernichten. Das ist paradox: Versuchen Sie einmal, einem Anleger, der sein Geld brav auf dem Sparbuch anlegt, zu sagen, dass er keineswegs sicher reich wird, sondern vielmehr sicher arm wird. Sparbuchsparer sparen nicht. Sparbuchsparer entsparen sich.

3. Reichtums-Gesetz
Beschäftigen Sie sich ab sofort ausschließlich mit solchen Geldanlagen, die Ihnen unter Beachtung der drei Einflussgrößen Zins, Steuer und Inflation ein positives Ergebnis versprechen. Reich werden ohne Risiko mit der Geldanlage in Sparbuch, Bausparverträge, festverzinsliche Wertpapiere oder Festgeld ist auf Dauer eine Illusion. Im besten Fall gelingt Ihnen auf diese Weise soeben der Vermögenserhalt.

Hinweis: Die Beurteilung von Bausparverträgen ist dann eine andere, wenn sie im Rahmen intelligenter Finanzplanung Bestandteil eines sorgsam errechneten Finanzierungsmodells sind. In diesem Fall müssen Bausparverträge anders beurteilt werden.

4. Das mentale Geldproblem (nicht nur) der jungen Leute

Zum Sparen scheint es für die Leute immer der falsche Zeitpunkt zu sein. Die Rentner von morgen sind die Jugendlichen, sind die jüngeren Leute von heute. Also alle zwischen 15 und 45 Jahren. In diesem Alter sind die Chancen bestens, die finanzielle Zukunft in die eigene Hand zu nehmen. Psychologisch jedoch kommt die Forderung nach Sparen zu diesem Zeitpunkt zum völlig falschen Zeitpunkt. Auf dem Programm stehen Spaß und Konsum. Auf dem Programm steht »Geld ausgeben« statt »Geld behalten«. Und genau hier beginnt der größte Fehler: Reich werden die Leute nicht von dem Geld, das sie einnehmen. Reich werden die Leute, reich werden Sie selbst nur von dem Geld, das Sie behalten! Dann, sobald erste »Ich sollte wohl auch mal ein wenig sparen«-Gedanken hervorkommen, folgt nicht selten die Familien- und Kinderphase. Das Geld wird knapp, Gedanken ans Sparen und Investieren werden verschoben.

Jahre später stabilisiert sich die familiäre und finanzielle Situation. Dazu kommen weitere Karrieresprünge und steigendes Einkommen. Mal wieder ist die Chance auf Reichtum ohne Risiko greifbar nahe. Wenn, ja wenn nicht der Traum vom Eigenheim wäre. Gedacht, getan und – schwupps – wird eine Immobilie erworben. Damit steigt die finanzielle Belastung schnell um vierstellige Eurobeträge. Dazu kommt wenige Jahre später die Ausbildung der Kinder. Die Situation verschlechtert sich zunehmend dadurch, dass Heirat, Familiengründung usw. immer später erfolgen. Die Zeit des Geldausgebens und Konsumierens wird immer länger. Nicht wenige Leute haben trotz zehn oder mehr Jahre erfolgreichen Geldverdienens in der Lebensmitte erhebliche finanzielle Probleme. Diese Leute wollen auf zu vielen Hochzeiten tanzen, und dafür wiederum reicht das Einkommen nicht.

Hand aufs Herz! Erkennen Sie sich wieder? Befinden Sie sich soeben in irgendeiner dieser Phasen, und es ist zum Sparen und Investieren irgendwie immer der falsche Zeitpunkt? Möglicherweise empfinden Sie trotz guten Einkommens sogar so etwas wie Geldnot. Handeln Sie unverzüglich! Bringen Sie die Dinge in Ordnung. Sparen und bezahlen Sie sich so selbst zuerst. Monat für Monat. Niemand, kein noch so gutes Buch, keine noch so wirksame Strategie, kein noch so guter Finanztrainer oder Geldexperte kann Sie zu Reichtum ohne Risiko führen, wenn Sie nicht auf der Stelle beginnen, Ihr Geld zu behalten. In der folgenden Tabelle werden die monatlich notwendigen Sparbeträge genannt, um bei einem effektiven Zins von neun Prozent mit 50, 55, 60 oder 65 Jahren Vermögensmillionär zu sein, also eine Million Euro an Vermögen zu haben.

Tabelle 1: Mit monatlichem Sparen zur ersten Million

Eintrittsalter	Zielalter in Jahren (effektiver Zins angenommen 9 Prozent)			
	50	55	60	65
15	371,24	237,01	152,29	98,25
16	406,54	259,11	166,31	107,22
17	445,39	283,34	181,65	117,03
18	488,19	309,94	198,45	127,75
19	535,39	339,15	216,85	139,47
20	587,51	371,24	237,01	152,29
21	645,11	406,54	259,11	166,31
22	708,88	445,39	283,34	181,65
23	779,58	488,19	309,94	198,45
24	858,10	535,39	339,15	216,85
25	945,46	587,51	371,24	237,01
26	1042,86	645,11	406,54	259,11
27	1151,72	708,88	445,39	283,34
28	1273,69	779,58	488,19	309,94
29	1410,76	858,10	535,39	339,15
30	1565,31	945,46	587,51	371,24
31	1740,20	1042,86	645,11	406,54
32	1938,95	1151,72	708,88	445,39
33	2165,90	1273,69	779,58	488,19
34	2426,46	1410,76	858,10	535,39
35	2727,48	1565,31	945,46	587,51
36	3077,78	1740,20	1042,86	645,11
37	3488,87	1938,95	1151,72	708,88
38	3976,09	2165,90	1273,69	779,58
39	4560,37	2426,46	1410,76	858,10
40	5270,96	2727,48	1565,31	945,46
41	6150,15	3077,78	1740,20	1042,86
42	7261,33	3488,87	1938,95	1151,72
43	8704,09	3976,09	2165,90	1273,69
44	10644,40	4560,37	2426,46	1410,76
45	13380,99	5270,96	2727,48	1565,31

Dabei gilt: Wenn Sie beispielsweise mit 55 Jahren Millionär nach Inflation, also unter Berücksichtigung des Kaufkraftverlusts von angenommen drei Prozent pro Jahr werden wollen, müssen Sie je nach Lebensalter mit den folgenden Faktoren rechnen:

Ihr Alter	Faktor
15 bis 20 Jahre	3,0
20 bis 25 Jahre	2,6
25 bis 30 Jahre	2,2
30 bis 35 Jahre	2,0
35 bis 40 Jahre	1,7
40 bis 45 Jahre	1,5

Beispiel: Sie sind 32 Jahre jung. Dann gilt für Sie der Faktor von ungefähr 2,0. Das bedeutet: Wenn Sie 55 Jahre alt sind, entspricht die Kaufkraft von zwei Millionen Euro in etwa der Kaufkraft von heute einer Million. Die in der Tabelle 1 ermittelte Sparrate müssen Sie also ebenfalls mit Ihrem persönlichen Faktor multiplizieren. Also in diesem Fall mal 2,0: 2303,44 Euro.

4. Reichtums-Gesetz

Meiden Sie dieses »Ich habe kein Geld zum Sparen«-Problem oder die übrigen mentalen Probleme. Wer sich immer sagt, »Morgen fange ich an zu sparen«, wird jeden Tag seine Entscheidung auf MORGEN verschieben. Leute, die so denken, belügen sich selbst. Mit jedem Jahr nimmt die Notwendigkeit zum privaten Vermögensaufbau zu. Mit jedem Tag sind es 86 400 Sekunden weniger, die das Geld für diese Leute arbeiten kann. 86 400 Sekunden. Tag für Tag! Wenn dann diese »Morgen fange ich an zu sparen«-Leute diese Gesetzmäßigkeit endlich begreifen, wird es sehr teuer, den Fehler wieder zu korrigieren. Vergleichen Sie dazu noch einmal die in Tabelle 1 genannten notwendigen Sparraten!

5. Sparbuch: Armsparen mit Existenzrisiko

Wir alle kennen die Sätze unserer Eltern oder Großeltern in der Art wie »Eine Lebensversicherung muss man haben« oder »Eine Immobilie ist die wichtigste Form des Vermögensaufbaus« oder »Bring das Geld zur Bank und lege es da an. Da ist es sicher, und du hast feste Zinsen«. Bis heute halten sich unvorstellbare Eurobeträge auf Sparbüchern und Girokonten.

Sparbuch = Ansparen

10 000 Euro Einmalanlage

Jahr	Vermögen zu Beginn	Zins 2 %	Inflation 3 %	Vermögen am Ende
1	10000	200	300	9900
2	9900	198	297	9801
3	9801	196	294	9703
4	9703	194	291	9606
5	9606	192	288	9510
6	9510	190	285	9415
7	9415	188	282	9321
8	9321	186	280	9227
9	9227	185	277	9145
10	9135	183	274	9044
11	9044	181	271	8953
12	8953	179	269	8864
13	8864	177	266	8775
14	8775	176	263	8687
15	8687	174	261	8601
16	8601	172	258	8515
17	8515	170	255	8429
18	8429	169	253	8345
19	8345	167	250	8262
20	8262	165	248	8179

Eine unvorstellbare Summe an Geld, die keinen oder nur geringen Ertrag bringt. Selbst die Dresdner Bank warb vor einiger Zeit mit einem Slogan wie »Warum heißt das Sparbuch Sparbuch? Weil Sie es sich sparen können«. Für alle Unbelehrbaren im Folgenden eine kleine Rechnung in Sachen Sparbuch, Armsparen und Existenzrisiko. Wir haben bereits gemeinsam gelernt, dass, wer reich ohne Risiko werden will, letztlich drei Einflussgrößen berücksichtigen muss: Zinsen, Steuern und Inflation. Beim folgenden Beispiel wurde ohne steuerliche Abzüge gerechnet. Lediglich die Wirkung der Inflation wird kalkuliert, um zu zeigen, wie Sie sich mit einem Sparbuch auf Dauer arm sparen.

Ergebnis: Nach 20 Jahren Sparbuch-Armsparen sind von den 10 000 Euro Anfangseinlage nur noch 8179 Euro effektiv an Kaufkraft übrig. In diesem Fall hätte sich also ein Anleger nicht sicher und ohne Risiko reich gespart, sondern sicher arm gespart.

5. Reichtums-Gesetz

Nehmen Sie die Werbung einer deutschen Großbank beim Wort. Sparen Sie sich das Sparbuch. Sparbücher sind ein Relikt aus alten Zeiten, haben jedoch heute jeglichen Sinn verloren. Das Geld, das Sie kurzfristig zur Verfügung haben wollen, lassen Sie auf einem Girokonto oder – wenn es ein wenig mehr ist – auf einem Tagesgeldkonto liegen. Den Rest, den Sie mittel- bis langfristig nicht benötigen, investieren Sie. Das ist alles! Achtung: Hüten Sie sich vor Menschen, die behaupten, man solle mit der Geldanlage beispielsweise in Aktien so lange warten, bis man anderweitig ausreichend Geld angespart hat. Diese Behauptung ist schlichtweg falsch und spricht lediglich für das Unwissen der Person, die solches behauptet.

6. Warum immer wieder Millionen Anleger ein Vermögen verlieren

Die Bundesbürger besitzen 86 Millionen Lebens- und Rentenversicherungsverträge. Das ist grundsätzlich in Ordnung, vorausgesetzt, die Leute entscheiden sich für leistungsstarke Versicherer mit hohen Erträgen, guter Substanz und geringen Kosten. Fatal ist nur, dass Millionen von Versicherten ihre Lebens- oder Rentenversicherung vorzeitig kündigen. Das Institut für Demoskopie Allensbach untersuchte im Jahr 2001 die Gründe vorzeitiger Vertragsauflösung. Das Ergebnis:

- 28 Prozent steigen vorzeitig aus, weil sie plötzlich feststellen, dass man Geld gewinnbringender anlegen kann.
- 26 Prozent steigen aus, weil Schulden und Kredite zu viel an Geld verschlingen und damit die Versicherungsrate nicht mehr gezahlt werden kann.
- In rund 16 Prozent aller Fälle ist eine Scheidung der Grund für den Beitragsstopp.
- In rund 13 Prozent ist Arbeitslosigkeit der Grund für den Beitragsstopp.

Fatal sind diese Kündigungen, weil riesige Summen an Vermögen verschenkt werden. Wohlgemerkt, auch hier gilt: Das Geld ist nicht weg, es hat nur ein anderer. Was hat das Ganze mit reich ohne Risiko zu tun? Die Leute meinen häufig bei Vertragsabschluss, mit einer Lebens- oder Rentenversicherung würde man reich ohne Risiko. Schließlich ist bei leistungsstarken Versicherern die Rendite in Ordnung, das Ganze steuerfrei und unterm Strich je nach Anbieter durchaus rentabel. Dumm ist nur, dass die wenigsten Anleger sich vor Vertragsabschluss vergewissern, ob die Gesellschaft, deren Vertrag sie unterzeichnen, auch wirklich zu den leistungsstarken Versicherern zählt. Hier greift wieder das oft von mir genannte Gesetz der GeldverANT-WORTung. Die Leute kümmern sich zu wenig um Informationen, bevor (!) sie den Vertrag endgültig abzeichnen. Rund $\frac{1}{3}$ der

Versicherten stellt irgendwann einmal im Nachhinein fest, dass man Geld Gewinn bringender anlegen kann. Eine teure Erkenntnis.

Dabei ist das Vergleichen von Versicherungsleistungen anhand von Wirtschaftszeitschriften wie *Capital*, *Finanztest* und anderen ein Kinderspiel geworden. Und wer hier nicht suchen will, findet im Internet auf einen Klick hervorragende Hilfen. Aber wir tun das nicht. Statt uns zu informieren, schließen wir Verträge für unser Geld ab ohne genau zu wissen, was mit unserem Geld geschieht. Machen Sie es anders.

6. Reichtums-Gesetz

Je nach individueller Situation – Steuer, Risikoschutz usw. – kann es Gründe geben, die für den Abschluss einer Kapital bildenden Lebensversicherung oder einer Rentenversicherung sprechen. Wobei ich hier die klassische Form meine und nicht die Form der so genannten Fondspolice. Wenn Gründe für den Abschluss einer klassischen Lebens- oder Rentenversicherung sprechen, lautet die Botschaft: Vergleichen Sie die Angebote! Das ist ein Geldgesetz. Wenn Sie gegen dieses Geldgesetz verstoßen, helfen Ihnen die besten Strategien und die Auswahl der grundsätzlich geeigneten Geldprodukte nichts. Das Geldgesetz dieser Lektion lautet: Vergleichen Sie Angebote! Haben Sie einen Topanbieter gefunden, fragen Sie sich, wie viel Geld Sie wirklich auf Dauer monatlich für diese Versicherung entbehren wollen und können. Das sind die Erfolgsschritte eins, zwei und drei. Klärung der individuellen Situation und Notwendigkeit, Vergleichen der Anbieter und deren Leistungen sowie Abschluss nur in Höhe des Betrages, den Sie dauerhaft entbehren können. Dann erst handeln Sie. Wenn Sie so vorgehen, machen Sie einen wichtigen Schritt zu einem großen Vermögen. Wenn Sie diese drei Schritte nicht berücksichtigen, verlieren Sie mit großer Wahrscheinlichkeit viel, viel Geld.

GELDSTRATEGIEN FÜR GEWINNER

7. Sprechen Sie über Geldentscheidungen

Nach vielen Jahren als erfolgreicher Geldtrainer kann ich Ihnen versichern: Ein Anleger kann nur reich ohne Risiko werden, wenn er lernt, über Geldentscheidungen zu sprechen. Heißt es doch: Vier Augen sehen mehr als zwei, vier Ohren hören mehr als zwei. Das ist das Entscheidende. So unglaublich es klingen mag: Immer lerne ich Börsianer kennen, die ihre »Kauftipps« nicht weitergeben oder mit anderen Profis austauschen. Sie befürchten, die betreffende Aktie könnte sonst (da ein bislang unentdeckter Geheimtipp) zu sehr im Kurs steigen. Dabei gibt es nichts Besseres, als einen Ideenaustausch mit gleich gesinnten, die entsprechende Grund- oder sogar weiterführende Kenntnisse haben.

Die Botschaft lautet: Reduzieren Sie Ihr Börsenrisiko, indem Sie sich öfter austauschen. Das ist eine Strategie. Es klingt banal, aber es wirkt. Tauschen Sie sich öfter aus. Die erfolgreichsten Anleger, die ich kenne, tauschen sich vor jedem Kauf mit erfahrenen Profis aus. Diese Leute haben dann längst die »Ich will mich aber am liebsten bestätigt hören«-Phase hinter sich. Und das ist auch gut so. Diesen Anlegern geht es um die bessere Anlageentscheidung und nicht darum, Recht zu haben.

Gewinner vermeiden jede Form eigener Wichtigtuerei. Untersuchungen haben ergeben, dass auf Grund der großen Anlegerschar selbst ein vermeintlich todsicheres Geldsystem weniger als fünf Prozent der potenziellen Anleger erreichen würde. Jede Form von Geheimnis- oder Wichtigtuerei ist also unsinnig und zeichnet den Absender der angeblich geheimen und wichtigen Informationen als Anfänger und Dilettanten.

7. Reichtums-Gesetz

Um an der Börse dauerhaft Erfolg zu haben, tauschen Sie sich intensiv aus. Fragen Sie Profis, was diese von Ihren anstehenden Entscheidungen halten. Fragen Sie nicht nur deswegen nicht, weil Sie Angst haben, jemand könnte Ihre Wunschaktie in der Luft zerreißen. Im Gegenteil: Sie müssen denjenigen dankbar sein, die mit berechtigten Argumenten Sie vor der Investition in einzelne Aktien verunsichern. Selbst wenn ein Gesprächspartner nicht mehr als Sie weiß, aber gute Fragen stellt (Warum dieses Unternehmen, Marktposition, Wettbewerber usw.), die Sie nicht oder nur sehr schlecht beantworten können, seien Sie froh. Diese Person reduziert Ihr Risiko und bewahrt Sie womöglich vor einem großen Verlust. Im Zweifel tun Sie besser nichts, bedanken sich bei Ihrem »Coach« und warten ab. Glauben Sie mir: Es wird immer genug Aktien geben, in die Sie investieren können. Fixieren Sie sich daher nicht auf einzelne Werte.

8. Was die meisten Anleger grundlegend falsch machen

Einerseits ist die private Altersvorsorge für die meisten Menschen der wichtigste Grund zu sparen. Andererseits sparen und investieren die meisten wiederum in nur wenig lukrative oder eher niedrig verzinste Anlageprodukte. Die Leute wenden schlichtweg die falsche Strategie an. Die Leute sparen und investieren mit den falschen Strategien. Die Emnid-Umfragen zum Thema »Private Altersvorsorge« zeigen seit Jahren ein ähnliches Bild. Zwar investieren immer mehr Anleger in Aktien und Aktienfonds. Jedoch noch immer zu wenig, wie die folgende Grafik zeigt:

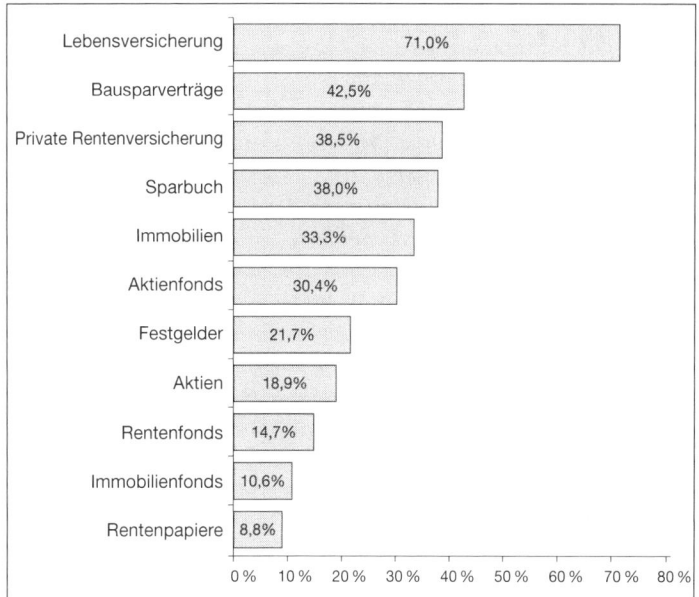

Lebensversicherung	71,0%
Bausparverträge	42,5%
Private Rentenversicherung	38,5%
Sparbuch	38,0%
Immobilien	33,3%
Aktienfonds	30,4%
Festgelder	21,7%
Aktien	18,9%
Rentenfonds	14,7%
Immobilienfonds	10,6%
Rentenpapiere	8,8%

0 % 10 % 20 % 30 % 40 % 50 % 60 % 70 % 80 %

Quelle: Emnid 2000

Lebensversicherungen, Bausparverträge, private Rentenversicherung und Sparbücher sind somit noch immer die vier am
häufigsten bevorzugten Maßnahmen zur privaten Altersvorsorge. Vergleicht man die Anteile ausgesuchter Anlagearten an
der Geldvermögensbildung im Zeitraum 1991 bis 1999, investierten Verbraucher insgesamt etwa neunmal so viel Geld in
Versicherungen zur Altersvorsorge als in Aktien und Aktienfonds.

Das wäre dann sinnvoll und empfehlenswert, wenn die in Versicherungen investierten Beträge wiederum zum größten Teil in
so genannte fondsgebundene Versicherungen fließen würde.
Das ist jedoch nicht der Fall, wie ebenfalls Emnid-Zahlen beweisen: Im Jahr 2000 besaßen knapp 50 Prozent der Haushalte

eine Kapitallebensversicherung. Nur etwas mehr als ein Prozent war dagegen in fondsgebundene Versicherungen investiert.

8. Reichtums-Gesetz

Die Mehrzahl der Anleger setzt auf unnötige, unsinnige, teure oder schlichtweg überflüssige Anlageformen und wendet damit die falsche Strategie an. Die sinnvollen und notwendigen Vorsorgeprodukte wie Aktien, Aktienfonds und die fondsgebundene Versicherung leistungsstarker Versicherungsgesellschaften werden in vielen Fällen vernachlässigt,. obwohl gerade mit diesen Anlageprodukten – bei Kenntnis bestimmter Gesetzmäßigkeiten – auf mittlere und längere Sicht Reichtum ohne Risiko möglich ist. Machen Sie es besser. Kümmern Sie sich um richtige Informationen, und das richtige Geld-Know-how. Investieren Sie in die richtigen Finanzprodukte für Gewinner.

9. Mit welchem Gewinn Sie bei welchen Geldanlagen rechnen können

Dieses Buch informiert darüber, wie Anleger ihre private Finanzplanung optimieren und *auf Dauer* reich ohne Risiko werden können. Damit meine ich eine mindestens fünfjährige Anlagedauer. Noch besser sind zehn Jahre. »Reich ohne Risiko« in zwei oder drei Jahren zu werden funktioniert nicht. In boomenden Börsenzeiten, in so genannten Haussen, träumen die Leute zwar immer wieder davon. Aber das kann nicht funktionieren. Wer sein Vermögen in drei Jahren verdoppeln will, muss jährlich effektiv knapp 26 Prozent Zins kassieren. 26 Prozent Zins gibt es nicht ohne ein erhebliches Verlustrisiko. Ab einer Anlagedauer von fünf Jahren jedoch wird die Vermögensverdoppelung realistisch. Zum besseren Verständnis die Zinsangaben für die Verdoppelung des eingesetzten Kapitals in verschiedenen Zeiträumen:

Jahr	effektiver Jahreszins
5	15
6	12
7	10
8	9
9	8
10	7

Ein Zins von 15 Prozent jährlich ist mit guten Aktienfonds in guten Zeiten durchaus drin. Eine Verdoppelung in fünf Jahren also auch. Zum Vergleich: Der Sparbuchsparer, der lediglich zwei Prozent Zins erzielt, braucht immerhin 35 Jahre zur Verdoppelung eingesetzten Kapitals.

Im Folgenden nun die Angaben, mit welchen Zinsen Sie bei welchen Anlageprodukten grundsätzlich rechnen können. Auch den Zinsangaben liegt dabei eine Anlagedauer von 5 Jahren zu Grunde.

Aktien, Aktienfonds, fondsgebundene Versicherung auf Aktienfondsbasis	*acht bis zehn Prozent*
Kapitallebens- und private Rentenversicherung	*vier bis sieben Prozent*
Rentenpapiere, Rentenfonds	*fünf bis sieben Prozent*
Festgeld	*zwei bis sechs Prozent*
Immobilien, offene Immobilienfonds	*zwei bis sechs Prozent*
Bausparen	*drei bis fünf Prozent*
Festverzinsliche Wertpapiere	*zwei bis fünf Prozent*
Sparbuch	*ein bis drei Prozent*

Wer diese Zahlen vergleicht, muss sich zwangsläufig mit Aktien, Aktienfonds und Fondspolicen beschäftigen. Viele Anleger machen aber den Fehler, dass sie ein oder zwei schlechte Börsenjahre betrachten, zu dem Schluss kommen, dass die Investition in Aktien und aktiengebundenen Produkten gefährlich ist und bleiben dann bei ihren Anlagefavoriten Lebensversicherung, Bausparverträge, private Rentenversicherung und Sparbuch. Die Leute denken dann, diese Anlagestrategie sei ein guter Weg, um ohne Risiko ein Vermögen aufzubauen. Dem ist nicht so, im Gegenteil: Die Investition in so manches vermeintlich sichere Geldanlageprodukt kann auf Dauer hohe Risiken bergen, im schlimmsten Fall sogar ein Armutsrisiko.

9. Reichtums-Gesetz

Reichtum ist die Folge möglichst häufiger Kapitalverdoppelung. Je höher der erzielte Gewinn, je höher der erzielte Zins, desto schneller verdoppelt sich das angelegte Kapital. Gewinner setzen mittel- bis langfristig auf Aktien, Aktienfonds und sonstige aktiengebundene Anlageprodukte. Wobei gilt: Finger weg von Finanzprodukten mit zu hohen Gewinnversprechungen. Finger weg von hochspekulativen Finanzprodukten wie Optionsscheingeschäften und Ähnlichem. Die Investition in solche Geldprodukte ist meistens keine Vermögensaufbaustrategie, sondern eine Vermögensvernichtungsstrategie. Überlassen Sie die Investition in hochspekulativen Anlageprodukte den Profis. Und wenn doch: Investieren Sie nur einen Bruchteil Ihres verfügbaren Geldes in hochspekulative Geldprodukte.

10. Die Verlustfalle

Reich werden kann nur derjenige, der regelmäßig größere Einnahmen als Ausgaben hat und den Überschuss immer wieder in sinnvolle Geldanlagen investiert. Wer kein Geld hat, für den ist es naturgemäß erheblich schwerer, reich zu werden – ob mit oder ohne Risiko spielt dann keine Rolle mehr. Wobei die Praxis zeigt, dass besonders solche Menschen, die über kein oder nur wenig Geld verfügen, häufig beträchtliche Risiken eingehen, um wieder oder erstmals zu Reichtum zu gelangen. Diese Leute wählen damit genau die falsche Strategie. Mit anderen Worten: Wer bereits genug Geld hat, kann sich mehr Geduld bei Auswahl seiner Geldanlagen leisten. Er hat es schließlich nicht nötig, um jeden Preis noch reicher zu werden. Wer dagegen kein oder zu wenig Geld besitzt, ist eher verleitet, mit vermeintlich todsicheren, letztlich jedoch hochspekulativen Geldtipps reich zu werden.

Die wichtige Botschaft lautet: Wer auf Dauer reich werden will, muss alles unternehmen, um sein Geld zu beschützen; er muss alles tun, um hohe Verluste zu meiden. Denn wer einmal in der Verlustfalle sitzt, wird beziehungsweise muss sich wohl oder übel mit hochspekulativen Produkten beschäftigen, wenn er sein Geld wieder zurückbekommen möchte. Er riskiert damit einen Verlust nach dem anderen bis hin zum späteren Totalverlust.

Die Verlustfalle – Teil 1

Verlust	Notwendiger Gewinn zum Ausgleich
– 10%	10%
– 20%	25%
– 30%	43%
– 40%	67%
– 50%	100%
– 60%	150%
– 70%	233%
– 80%	400%
– 90%	900%
– 100%	?

Wer also einmal 90 Prozent verloren hat, braucht 900 Prozent Gewinn, um zunächst lediglich das ursprünglich eingesetzte Kapital zurückzubekommen. Er sitzt jetzt in der Verlustfalle. Will er da raus, dann gelingt ihm das nur, wenn er auf volles Risiko setzt. Noch einmal: Nicht auf höheres Risiko, sondern auf volles Risiko. Dazu noch ein weiterer Aspekt:

Die Verlustfalle – Teil 2

Verlust	Jahre bis zu 100 Prozent bei 10 Prozent Zins
– 10 %	1 Jahr, 1 Monat
– 20 %	2 Jahre, 3 Monate
– 30 %	3 Jahre, 9 Monate
– 40 %	5 Jahre, 4 Monate
– 50 %	7 Jahre, 3 Monate
– 60 %	9 Jahre, 7 Monate
– 70 %	12 Jahre, 8 Monate
– 80 %	16 Jahre, 11 Monate
– 90 %	24 Jahre, 2 Monate
– 100 %	?

Das bedeutet: Wer 60 Prozent verloren, muss anschließend neun Jahre und sieben Monate Jahr für Jahr durchschnittlich zehn Prozent Zinsen erzielen, um dann wieder ein so hohes Vermögen zu haben wie vor dem großen Verlust.

Noch schlimmer wird es, wenn nun ein Anleger nach dem Desaster und den hohen Kursverlusten jeglichen Mut verliert und nur noch auf Nummer sicher geht. Also beispielsweise sein Geld – das, was übrig geblieben ist – nur noch mit einem Zins von sechs Prozent anlegt. In diesem Fall sehen die Zeiten bis zum Erreichen der 100 Prozent ursprünglichen Kapitals so aus:

Die Verlustfalle – Teil 3

Verlust	Jahre bis zu 100 Prozent bei 6 Prozent Zins
– 10 %	1 Jahr, 9 Monate
– 20 %	3 Jahre, 10 Monate
– 30 %	6 Jahre, 1 Monat
– 40 %	8 Jahre, 9 Monate
– 50 %	11 Jahre, 11 Monate
– 60 %	15 Jahre, 9 Monate
– 70 %	20 Jahre, 8 Monate
– 80 %	27 Jahre, 7 Monate
– 90 %	39 Jahre, 6 Monate
– 100 %	?

© www.berndwkloeckner.de

Merken Sie sich das! Wenn Sie beispielsweise 20 000 Euro anlegen und 80 Prozent verlieren, dann brauchen Sie, wenn Sie künftig auf sichere Sechs-Prozent-Anlagen setzen, 27 Jahre und sieben Monate, bis Sie Ihr verlorenes Geld zurückhaben.

Das psychologische Problem ist: Jemand, der viel, viel Geld verloren hat, wird das sehr, sehr große Bedürfnis haben, schnell wieder zu Geld zu kommen. Gerade unter Börsianern gibt es viele, die vor dem großen Verlust vielen Leuten erzählt haben, wie reich sie nun in den nächsten Monaten und Jahren an der Börse würden. Kommt es dann zu einem größeren Verlust, kann man das natürlich nicht auf sich sitzen lassen. Schließlich steht niemand gerne als Verlierer da. Die Leute wollen damit prahlen, wie viel Geld sie gemacht haben, aber es darf niemand wissen, wie viel Geld sie verloren haben. Also wird jetzt erst richtig gezockt. Und genau das führt auf Dauer zum Totalverlust.

Wer beispielsweise zu Beginn des Jahres 2000 dachte, 90 Prozent Verlust bei Investition in und Spekulation mit Aktien wären eher die Seltenheit, wurde einige Monate später eines Besseren belehrt. Dazu einige Beispiele der Kursverluste am Neuen Markt.

Neuer Markt: Die »Flop Five 2000«

CPU	*minus 95,3 Prozent*
Infomatec	*minus 94,8 Prozent*
Gigabell	*minus 92,3 Prozent*
Intertainment	*minus 91,3 Prozent*
Ricardo.de	*minus 90,9 Prozent*

Diejenigen, die aus lauter Gier ausschließlich in Neuer-Markt-Werte investiert hatten, standen nun vor einem großen Problem. Denn wenn von 10000 Euro lediglich 1000 Euro übrig bleiben, machen selbst 200 Prozent Kursgewinn nur ein Endergebnis von 3000 Euro aus, der Kursverlust beträgt in diesem Fall immer noch 70 Prozent!

10. Reichtums-Gesetz

Die Chance auf Reichtum ohne Risiko können Sie nur nutzen, wenn Sie große Verluste vermeiden. Seien Sie nicht zu gierig. Zu gierig sein, führt auch zu finanziellem Notstand. Die Botschaft lautet: Meiden Sie Verluste. Oder, da dies nicht immer möglich ist, begrenzen Sie sie. Das ist eine wichtige Strategie auf dem Weg zu Reichtum ohne Risiko. Vergessen Sie nicht: Wer einmal in die Verlustfalle getappt ist, kann kaum noch mit Zinsen von sechs oder acht Prozent aus dem Verlust herauskommen. Wer in die Verlustfalle getappt ist, muss auf Geldanlagen mit hohen Zinsen und somit hohen Risiken setzen, um zumindest in absehbarer Zeit seinen Einsatz wieder herauszubekommen.

11. Wie Gewinner langfristig planen

Viele Anleger meinen, eine falsche Geldentscheidung ließe sich auch nach einigen Jahren noch korrigieren. Aber das stimmt nicht. Das folgende Beispiel zeigt, was die Investition in falsche oder, besser gesagt, wenig rentable Geldanlagen über die Jahre bedeutet.

Nehmen wir Anleger Rolf und Anlegerin Marion. Rolf ist einer, der vemeintlich auf Nummer sicher geht, sich jedoch, das sei bereits verraten, auf Dauer arm spart. Marion (Frauen sind, wie diverse Studien besagen, ohnehin die besseren Anleger) hat sich dagegen sorgfältig informiert und setzt größtenteils auf Aktienfonds. Rolf erzielt mit seinen Geldanlagen effektive Renditen zwischen fünf und sieben Prozent, im Durchschnitt also sechs Prozent, Marion liegt im Durchschnitt bei rund neun Prozent. Zwar geht es mal mit ihren Aktienfonds in schlechten Zeiten runter, dann jedoch in Boomzeiten wieder hoch. Marion hat das Buch »Reich ohne Risiko« und hier insbesondere die Lektion über den *Cost average* gelesen. Sie weiß alles über die wichtigsten Geldgesetze und Geldstrategien. Sie macht sich also keine Sorgen, sondern spart und investiert in guten wie in schlechteren Zeiten. Um das bei Investition in Aktien und Aktienfonds verbleibende Risiko weiter zu reduzieren, setzt sie dabei auf international anlegende Aktienfonds.

Betrachten wir einmal den Lebensplan beider Anleger.

Vermögensentwicklung »Risiko« contra »Sicher«

	Marion	Rolf
Spar- und Investitionsbeginn im Alter von ... Jahren	30	30
Sparrate pro Monat	250 Euro	250 Euro
durchschnittlicher effektiver Zins	9 Prozent	6 Prozent
Vermögen nach		
10 Jahren	47 000	40 000
20 Jahren	?	113 000
30 Jahren	?	244 000
40 Jahren	?	343 000

© Bernd W. Klöckner, www.berndwkloeckner.de, gerechnet ohne Gebühren

Sicherlich haben Sie festgestellt, dass bei Marion einige Zahlen in dieser Aufstellung fehlen. Ich bitte Sie, einmal diese Zahlen zu ergänzen. Nehmen Sie einen Bleistift und tragen Sie die Zahlen ein. So können Sie Ihre Ergebnisse wieder ausradieren, und andere Personen können diesen Test machen.

Sie haben die Zahlen geschätzt und eingetragen. Hier sind die richtigen Lösungen:

Vermögen nach	Marion	Rolf	Vorteil Marion
10 Jahren	47 000	40 000	7000
20 Jahren	159 000	113 000	46 000
30 Jahren	425 000	244 000	181 000
40 Jahren	673 000	343 000	330 000

Betrachtet man die Lebensplanung beider Anleger weiter, sieht es so aus: Angenommen, beide beschließen mit 65 Jahren, das angesparte Vermögen in den kommenden Jahren aufzubrauchen. Profis sprechen von Kapitalverzehr. Beide, Marion und Rolf zahlen sich also aus dem bis zum 65. Lebensjahr angesparten Vermögen eine private Zusatzrente aus. In dieser Entnahmezeit legen beide das Vermögen eher konservativ an und erzielen einen effektiven Zins von lediglich fünf Prozent. Je nach Entnahmedauer können nun folgende Beträge monatlich als Privatrente entnommen werden:

Entnahmedauer	Marion (673 000 Euro)	Rolf (343 000 Euro)
15 Jahre	5300	2700
20 Jahre	4400	2200
25 Jahre	3900	2000
30 Jahre	3600	1800

Spätestens jetzt wird klar, warum es sich lohnt, rechtzeitig über die richtige Geldstrategie nachzudenken. Stellen Sie sich vor, Sie sind 65 Jahre alt. Im Fall »Marion« können Sie sich 25 Jahre lang jeden Monat 3900 Euro auszahlen, im Falle »Rolf« lediglich 2000 Euro. »Ohhh, so große Auswirkungen hat das?«, staunen die Leute. O ja! Eine falsche Geldentscheidung beeinflusst über viele, viele Jahre Ihre finanzielle Situation.

Wie teuer es ist, falsche Geldentscheidungen zu korrigieren!
Angenommen, in unserem Beispiel kommt Rolf nach zehn Jahren darauf, dass seine bislang gewählte, vermeintlich »vorsichtige« Sechs-Prozent-Geldstrategie doch nicht so gut ist. Er vergleicht seine 343 000 Euro, die er bis zum 65. Lebensjahr an Vermögen aufbauen kann, mit den 673 000, die Marion bei durchschnittlich neun Prozent Zins pro Jahr aufbauen wird.

Rolf besitzt nach zehn Jahren ein Vermögen von 40 000 Euro. Sein Endziel sind – wie genannt – die 673 000 Euro zum 65. Lebensjahr, also nun in noch 25 Jahren. Wenn er dieses Ziel erreichen will, muss er künftig bei neun Prozent durchschnittlicher

Rendite 310 Euro monatlich sparen. Also jeden Monat 60 Euro mehr als Marion. Und je länger er wartet, desto teurer wird es für ihn, seine falsche Geldstrategie zu korrigieren.

11. Reichtums-Gesetz
Setzen Sie mit der richtigen Geldstrategie auf international anlegende Aktienfonds oder – wenn Sie es sich zutrauen – auf ausgewählte Aktien. Diese Geldstrategie müssen Sie anwenden, wenn Sie noch jung sind und viele Jahre Geld sparen und investieren können. Aber auch wenn Sie bereits älter sind, investieren Sie in Aktienfonds. Ich komme später noch auf die von mir so genannte 2-Topf-Strategie zu sprechen. So viel vorab: Wenn Sie bereits älter sind und nicht mehr allzu viel Zeit haben, machen Sie aus Ihren möglichen Einmalzahlungen Sparpläne.

12. Warum die Anleger am meisten verlieren, die am schlausten sein wollen

Immer wieder gibt es Anleger, die dadurch ohne Risiko reich werden wollen, dass sie mühevoll versuchen, trotz aller anders lautenden Studien die besten Kauf- und Verkaufszeitpunkte an der Börse zu erwischen. Dabei betonen Experten immer wieder: »An der Börse wird weder zum Einstieg noch zum Ausstieg geklingelt.« Die haben Recht. Und wie Recht sie haben!

Warum ist aber das Risiko des vermeintlich optimalen Einstiegs an der Börse so wichtig? Wie kann es sein, dass das Risiko an der Börse gerade deswegen steigt, weil ein Anleger versucht, das Risiko durch Timing zu mindern? Die Antwort liefern einigen Zahlen aus dem Hausse-Zeitraum 1982 bis 1997:

Rendite über den gesamten Zeitraum	*26 Prozent*
...ohne die besten 10 Gewinntage	*18 Prozent*
...ohne die besten 20 Gewinntage	*13 Prozent*
...ohne die besten 30 Gewinntage	*9 Prozent*
...ohne die besten 40 Gewinntage	*4 Prozent*

Quelle: Tod Barnhadt, Die 5 Schritte zum Reichtum (Angaben gerundet)

12. Reichtums-Gesetz

Wer reich ohne Risiko werden will, muss nach Möglichkeit immer dabei sein. Immer dabei sein bedeutet, immer Geld zu haben und niemals alles auf einmal, sondern nach und nach zu investieren. Das ist und bleibt eine der Grundregeln dauerhaften Gelderfolges: Stets über Geld verfügen können. Niemals alles auf eine Karte setzen.

13. Investition auf Kredit: Es droht der Ruin

Immer wieder gibt es Anleger, die sich ausrechnen, wie sie mittels Spekulation und Investition auf Kredit reich werden können. Diese Anleger kalkulieren damit, dass die Erträge aus Aktiengeschäften immer irgendwie höher sein werden als die Zinsen für die entsprechenden Kredite. Also wird ein Kredit zusätzlich zum Eigenkapital aufgenommen und beides zusammen am Aktienmarkt investiert. Selbst vermeintliche Finanzgurus empfahlen in der Vergangenheit immer wieder solche Praktiken.

Tatsache ist: Wer so handelt, also auf Kredit in Aktien investiert, vervielfacht sein Verlustrisiko. Statt die Geldanlage in Aktien zu beherrschen, beherrscht die Anlage plötzlich ihn. Das Ende solcher Kreditspekulation ist immer wieder gleich: Die Anleger stecken in der Schuldenfalle, nachdem die jeweilige Bank das verlustreiche Depot liquidiert hat. Dazu ein paar Zahlen, die zeigen, was bei solchen Kreditspekulationen geschehen kann.

1. Ein Anleger erwirbt 2000 Aktien der EM.TV AG zum Kurs von 100 Euro. Zeitpunkt: März 2000, Depotwert somit 200 000 Euro, kein Kredit.

2. Im August 2000 steht der Kurs der EM.TV AG bei 63,50 Euro. Der Anleger hat gelesen, dass man bei sinkenden Kursen nachkaufen müsse. Er erwirbt auf Kredit 1500 weitere Aktien der EM.TV AG zum aktuellen Kurs. Insgesamt besitzt er nun 2000 plus 1500 Aktien zum Kurs von 63,50 Euro, zusammen also 222 250 Euro. Der Kredit beträgt 1500 Aktien à 63,50 Euro, also 95 250 Euro. Die Beleihungsgrenze der Bank liegt bei 50 Prozent.

3. Im Dezember 2000 bahnt sich das Desaster an. Die Aktie von EM.TV ist auf zehn Euro gefallen. Der Wert des Depots beträgt somit 3500 Aktien à zehn Euro: 35 000 Euro. Bei der Beleihungsgrenze von 50 Prozent dürfte der Kredit höchstens 17 500 Euro betragen. Tatsächlich beträgt er jedoch 95 250 Euro zuzüglich aufgelaufener Zinsen. Die Bank droht mit Liquidation des verlustreichen Depots, wenn der Anleger keine zusätzlichen Sicherheiten bringt oder den Kredit zurückzahlt.

4. Der Anleger verfügt weder über das notwendige Kapital noch über weitere Sicherheiten. Die Bank liquidiert und verkauft die Aktien bei einem Kurs von mittlerweilen sieben Euro. Ohne Verkaufsgebühren zu berücksichtigen, sieht die Schlussrechnung des Anlegers wie folgt aus:

24 500 Euro Verkaufserlös
minus 95 250 Euro Kredit
=   70 750 Euro Schulden

Das bedeutet: In diesem Fall, der sich tatsächlich so ereignet hat, verlor der Anleger sein gesamtes Eigenkapital von 200 000 Euro und blieb zum Schluss auf einem Schuldenberg von 70 750 Euro sitzen.

13. Reichtums-Gesetz
Verzichten Sie auf das riskante Spiel, mittels Wertpapierkrediten reich zu werden. Wenn Sie ohne Risiko reich werden wollen, dann ist die Investition auf Kredit für Sie tabu. Hüten Sie sich vor vermeintlichen Geldexperten, die Ihnen Reichtum auf Kredit versprechen.

14. Machen Sie aus Einmalanlagen Sparpläne!

Eine der grundlegenden Gesetzmäßigkeiten lautet: Machen Sie aus Ihren Einmalanlagen Sparpläne. Es handelt sich bei dieser Gesetzmäßigkeit um eine wichtige Geldstrategie. So banal sie klingt, so wirkungsvoll ist sie. Und so einfach das klingt, so schwierig ist es, diese Gesetzmäßigkeit einzuhalten. Denn die meisten Leute wollen am liebsten nur möglichst viel aus ihrem Geld herausholen. Angenommen, jemand ist stolzer Besitzer von 30 000 Euro und will in kurzer Zeit sein Geld vermehren, am liebsten verdoppeln und verdreifachen.

Jetzt erklärt ihm jemand, dass er aus Einmalanlagen Sparpläne machen soll. »Pah«, denkt sich der Besitzer der 30 000 Euro, »was soll das?« Und er rechnet in Gedanken bereits, wie viel Geld er machen kann, wenn er den gesamten Betrag von

30000 Euro oder zumindest einen großen Teil davon in Fonds oder ausgewählte Aktien investiert. Es erscheint ihm völlig falsch, einen großen Teil seines Vermögens zu parken und nach und nach regelmäßige Sparraten zu investieren. Wobei es auch verständlich ist: Wer will nicht gern mit 30000 Euro sofort clever investieren und rechnet sich bereits in Gedanken aus, wie viel er an Zinsen, an Gewinn machen kann, wenn er die volle Summe investiert und die Börsenkurse steigen. Dennoch ist es die richtige Strategie zu warten. Die Botschaft lautet: Nicht alles auf einmal investieren! Nicht immer so gierig sein! Machen Sie aus Ihren Einmalanlagen Sparpläne!

Diese Strategie führt zu verblüffenden Ergebnissen. Ich nenne sie auch die 2-Topf-Strategie. Sie können sich das vorstellen:

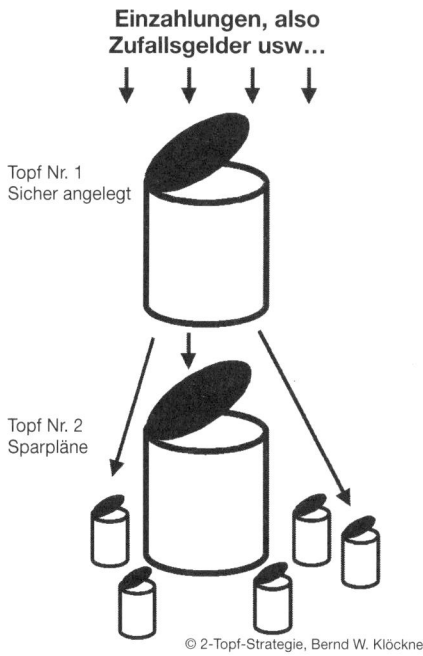

© 2-Topf-Strategie, Bernd W. Klöckner

Den Topf 1 »Einmalanlagen« füllen Sie immer wieder mit allen möglichen Geldern. Auch mit solchen Geldern, die ich als »Zufallsgeld« bezeichne. Also solche Beträge, die einen im Lauf des Jahres so zufallen.

Topf 2 kann ein Topf, das können auch mehrere Töpfe sein. Es handelt sich um die Sparpläne, die Sie aus Ihrem Topf 1 bedienen.

Handeln Sie nach dieser 2-Topf-Strategie zusätzlich zu sonstigen regelmäßigen Sparplänen. Vielleicht kennen Sie die Zehn-Prozent-Sparregel, der zufolge Sie mindestens zehn Prozent Ihres monatlichen Einkommens sofort nach Erhalt sparen sollen. Wenn Sie zusätzlich die 2-Topf-Strategie anwenden und dadurch Einmalanlagen in weitere Sparpläne verwandeln, werden Sie auf Dauer garantiert reich.

Es gab seit 1900 in keiner Baisse an keiner Börse einen Zeitraum, in dem jemand, der regelmäßig sparte und investierte, keine Gewinne erzielt hätte. Im Gegenteil: Wer regelmäßig investierte, kassierte zehn Prozent Rendite und mehr.

14. Reichtums-Gesetz

Die alles entscheidende Botschaft lautet: Kombinieren Sie Ihre Sparpläne mit der 2-Topf-Strategie für Einmalanlagen. Machen Sie so auf clevere Weise aus Ihren Einmalanlagen Sparpläne. Seien Sie nicht zu gierig. Rechnen Sie sich bei Ihren Einmalanlagen nicht mit Wenn-dann-Überlegungen reich. Es gibt einen herrlichen Roman mit dem Titel »Der Taoist an der Wall-Street«. Die Geschichte handelt von einem Mann, der feststellen muss, wie er alles dadurch verliert, dass er alles gewinnen will. Das ist es! Sie können alles verlieren, wenn Sie alles gewinnen wollen. Aber Sie können alles gewinnen, wenn Sie nicht alles gewinnen wollen. Verstehen Sie das! Das ist alles. Das ist eine der grundlegendsten Gesetzmäßigkeiten für den erfolgreichen Umgang mit Geld.

15. Die Millionärsstrategie – Wie Sie auch in schlechtesten Börsenzeiten zweistellige Renditen kassieren

Ein Hinweis vorweg: Die folgende Strategie ist die wichtigste in diesem Buch. Sie ist zwar seit langem bekannt, aber ich werde Ihnen erstmals berechnete, verblüffende Ergebnisse dieser Strategie präsentieren. Selbst in schlechtesten Börsenzeiten konnten Anleger, die regelmäßig sparten und investierten, sorglos reich werden. Ausnahmslos! Gleich, wie lange eine Baisse dauerte. Diese Strategie hat nur ein einziges Problem: Sie ist nicht aufregend. Es ist eine einfache Strategie, die auf einem bekannten Effekt basiert. Die erstmals von mir und meinem Team errechneten Ergebnisse belegen jedoch: Erfolg, finanzieller Erfolg braucht keine spektakulären Strategien. Immer wieder erlebe ich, wie Leute nach einer Beratung statt vorgeschlagene einfache Lösungen komplizierte Anlageformen und -strategien wählen. Dieser Trieb nach irgendeinem Kick bringt ihnen dann auf Dauer hohe Verluste. Geld erfolgreich anlegen, ohne Risiko reich werden, ist einfach. Meiden Sie spektakuläre Strategien. Handeln Sie nach den auf den folgenden Seiten beschriebenen Gesetzmäßigkeiten. Gewinnen Sie auf diese Weise!

Im Folgenden erfahren Sie verblüffende Ergebnisse einer Studie des Finanz-Institut Klöckner KG. Diese Ergebnisse wurden auszugsweise in der Zeitschrift *Capital* und im *Handelsblatt* veröffentlicht. Das Fazit vorweg: Clevere Fondssparer kassieren selbst in der schlimmsten Baisse zweistellige Renditen.

Für Sie gilt: Die Ergebnisse dieser Studie bestätigen, dass »Reich ohne Risiko« möglich ist. Dass der Titel dieses Buches nicht zu viel verspricht, sondern hält, was versprochen wird.

Cost-Average-Effekt

Fondssparer, die regelmäßig gleiche Beträge in ausgewählte Fonds investieren, handeln optimal. Dafür sorgt der Cost-Average-Effekt. Sinkt der Fondsanteilspreis, erwirbt der Anleger in diesem Fall mehr Anteile zum günstigen Preis, steigt der Fondsanteilspreis, erwirbt er weniger Anteile. Die durchschnittlichen Kaufkosten sinken. Das Ganze nennen Profis den Cost-Average-Effekt.

Zu den Höchstkursen unbesorgt anlegen!

Anhand der Untersuchung historischer Börsencrashs hat das Finanz-Institut Klöckner KG belegt, dass regelmäßige Fondssparer, selbst wenn sie einen Sparplan unmittelbar vor einem Kurssturz abschließen, in der Vergangenheit niemals um ihr Geld fürchten mussten. Es gab keine einzige Baissesituation, in der Anleger, wenn sie vor Beginn der Baisse zu sparen und investieren begonnen hätten, Geld verloren. Für die Praxis, für Ihren Weg zu Reichtum ohne Risiko ist diese Erkenntnis entscheidend.

Die Bedeutung des Cost-Average-Effekts ist bekannt und nichts wirklich Neues. Erstmals jedoch haben die Untersuchungen des Finanz-Instituts nachgewiesen, was dieser Effekt in der Praxis tatsächlich bewirkte. Denn immer wieder stellen in Baissezeiten Tausende von Anlegern ebenso vielen Beratern in Banken und Versicherungen die Frage nach dem richtigen Einstieg. Dahinter steckt die Angst, zu teuer oder einfach zum falschen Zeitpunkt einen Fondssparplan abzuschließen. Die Studie zeigt eindrucksvoll: Fondssparer haben in der Vergangenheit immer gewonnen, sofern sie nicht zu einem festen Zeitpunkt Fondsanteile verkaufen mussten.

Untersucht wurden unterschiedliche Baissezeiten verschiedener Indizes, darunter Dow Jones, DAX, Nikkei, CAC 40, Nemax, Nemax 50, FTSE-100 und Nasdaq. Errechnet wurde jeweils, wie hoch die Rendite eines Anlegers gewesen wäre, der regelmäßig einen bestimmten Betrag an der Börse investiert. Es wurde ferner davon ausgegangen, dass der Anleger stets beim Höchststand des Index vor dem Crash den Sparplan beginnt. Also zu einem emotional sehr schlechten Zeitpunkt. Zum Beispiel im Oktober 1987. Oder zum Beispiel im Oktober 1929, einem sicherlich extremen Beispiel. Das Ende des Sparplans war jeweils der Zeitpunkt, an dem der jeweilige Index wieder den Kurs erreichte, zu dem der Anleger eingestiegen war. Basis der einzelnen Berechnungen waren die Monatsendstände der jeweiligen Indizes. Unser Musteranleger hätte also in allen Fällen noch nicht einmal die guten Phasen nach einer Baisse mitgemacht, sondern lediglich exakt nach Ende der jeweiligen Baisse wieder mit dem Sparen aufgehört.

Jetzt aber zu den einzelnen Ergebnissen jedes Index. Der besseren Verständlichkeit zeige ich jeweils den Verlauf der Kursentwicklung für jeden untersuchten Zeitraum. Zum Ende folgt dann je Index die Tabelle mit den einzelnen Zeiträumen und der jeweiligen Rendite pro Jahr für Sparpläne in diesem Zeitraum.

Dow Jones
Jeweils zu Beginn eines Crashs wurde ein Datum ausgewählt, zu dem der fiktive Sparplan, mit einer Rate von 1000 Mark monatlich begann. Die Ergebnisse gelten dabei unabhängig von der Höhe der regelmäßigen Sparrate.

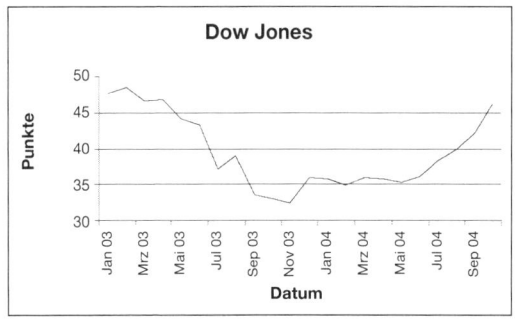

31. 1. 1903 – 31. 10. 1904

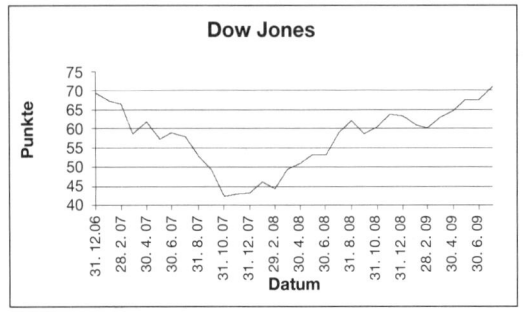

31. 12. 1906 – 31. 7. 1909

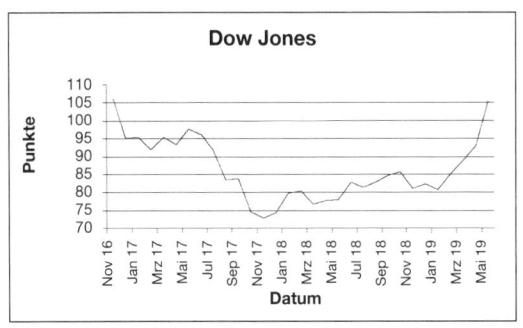

29. 11. 1916 – 29. 5. 1919

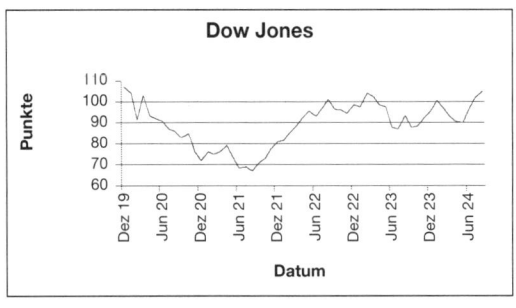

31. 12. 1919 – 30. 8. 1924

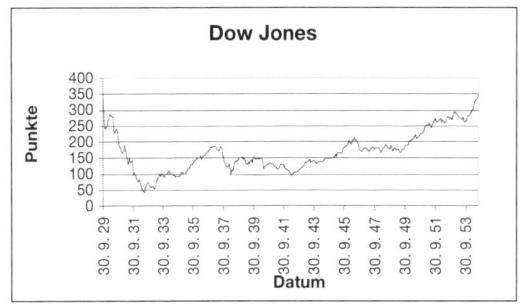

30. 9. 1929 – 30. 7. 1954

Zu der letzten Grafik eine kleine Erklärung: Im Jahr 1929 fiel der Dow Jones von 350 Punkten steil nach unten. Im Jahr 1932 erreichte der Index seinen Tiefststand mit sage und schreibe 41 Punkten. Für die Börsianer waren die Jahre nach 1929 mit die schlechtesten Börsenjahre der Geschichte. Panik herrschte, der persönliche Ruin drohte so manchem Börsianer. Millionen von Anlegern hatten zuvor auf Pump Aktien gekauft und standen vor dem persönlichen Bankrott.

Stellen Sie sich vor, Ende September/Anfang Oktober 1929 hätte ein Experte empfohlen, jetzt Fondssparpläne (angenommen, die hätte es bereits gegeben) abzuschließen oder ab sofort jeden Monat einen gleichen Betrag in Höhe von beispielsweise zehn Dollar in den Index zu investieren (hätte es Indexfonds schon gegeben), dann wäre dieser Experte für unzurechnungsfähig erklärt worden. Tatsache jedoch ist: Wer in dieser längsten Baisse durchweg regelmäßig gespart und monatlich investiert hätte, hätte Gewinn gemacht und eine Rendite von sieben Prozent pro Jahr kassiert!

In Zahlen noch folgendes Beispiel für diesem Zeitraum. Um einen besseren Überblick über die Zahlen zu bekommen, wird mit 100 Dollar monatlicher Investitionsrate gerechnet, auch wenn sich das 1929 wohl kaum einer hätte leisten können.

Monatliche Sparrate 100 Dollar, Dauer 24 Jahre und 10 Monate
Sparbuchsparer   Baissesparer
1,5 Prozent/Jahr   7 Prozent/Jahr
36 033 Dollar   77 227 Dollar

Ergebnis: Wer nach 1929 vermeintlich auf Nummer sicher setzte und sein Geld auf dem Sparkonto bei seiner Bank ließ, kassierte am Ende der 298 Monate rund 36 000 Dollar. Wer dagegen das in dieser Lektion beschriebene Reichtums-Gesetz kannte, kassierte immerhin rund 78 000 Dollar.

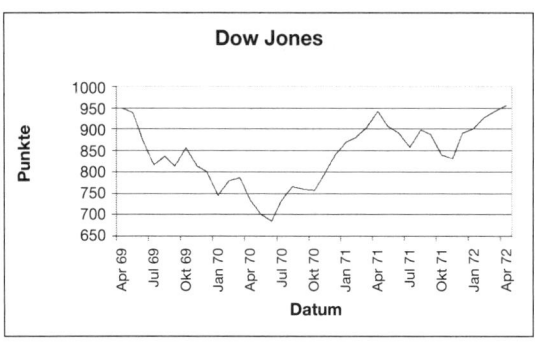

30. 4. 1969 – 28. 4. 1972

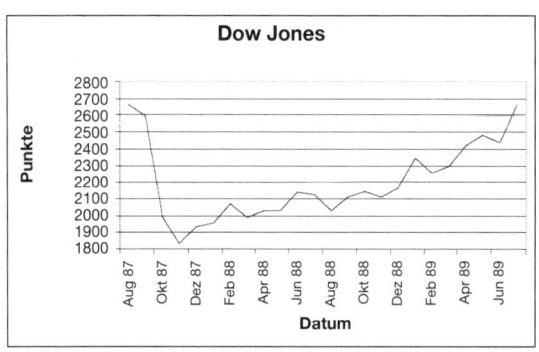

31. 8. 1987 – 31. 7. 1989

So weit sind die einzelnen Baisseperioden grafisch dargestellt. Im Folgenden finden Sie für jeden Zeitraum die entsprechende Rendite, die ein Anleger erzielt hätte, wenn er die Baisse durchgehend gespart hätte. Wenn er also zum denkbar schlechten Zeitpunkt – nahezu zum Höhepunkt der zuvor erfolgten Aufwärtsbewegung – eingestiegen wäre und zunächst nur hätte zusehen können, wie seine Fondsanteile Monat für Monat immer weniger wert wurden.

Zeitraum	Ereignis	Rendite (Prozent)
31. 1. 1903 – 31. 10. 1904	Verkaufspanik	21
31. 12. 1906 – 31. 7. 1909	Bankenkrise	18
29. 11. 1916 – 29. 5. 1919	Erster Weltkrieg	18
31. 12. 1919 – 30. 8. 1924	Nachkriegsphase	8
30. 9. 1929 – 30. 7. 1954	Schwarzer Freitag	7
30. 4. 1969 – 28. 4. 1972	Vietnamkrieg	9
31. 8. 1987 – 31. 7. 1989	Schwarzer Montag	23

(© Bernd W. Klöckner, www.berndwkloeckner.de)

Ergebnis Dow Jones:

In allen ausgewählten Baissezeiträumen erzielten clevere Anleger, die trotz Crash regelmäßig einen festen Betrag an der Börse, in diesem Fall Dow Jones, investierten, positive Ergebnisse. In fünf der sieben ausgewählten Zeiträume war die Rendite sogar zweistellig. Selbst der Anleger, der vor dem Schwarzen Freitag begann, monatlich einen festen Betrag über 25 Jahre in die Wertentwicklung des weltweit wichtigsten Aktienindex zu investieren, kassierte zum Schluss dieser Baisseperiode, als der Dow Jones wieder auf seinem Stand vor dem Crash angelangt war, eine Rendite von sieben Prozent.

DAX

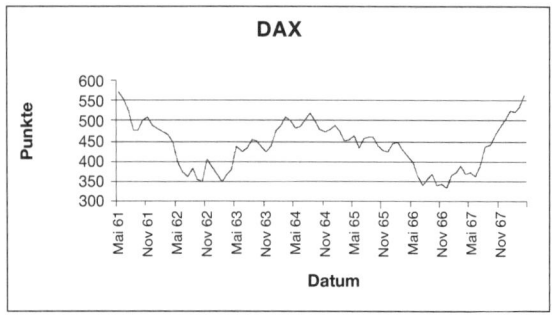

31. 5. 1961 – 30. 4. 1968

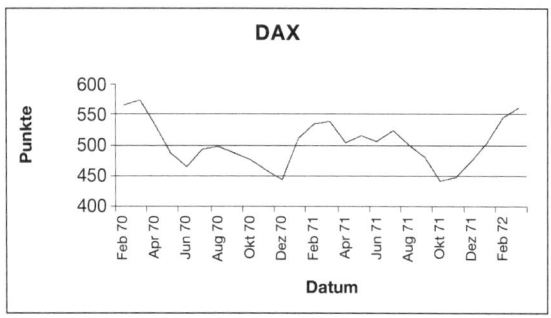

27. 2. 1970 – 30. 3. 1972

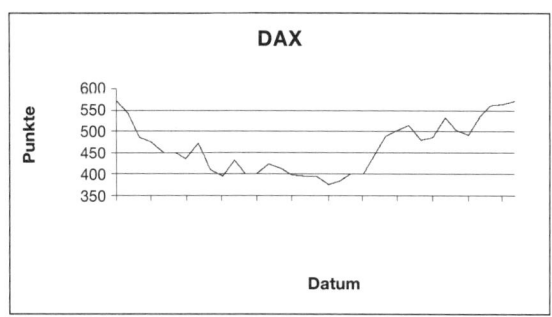

30. 3. 1973 – 30. 1. 1976

DAX

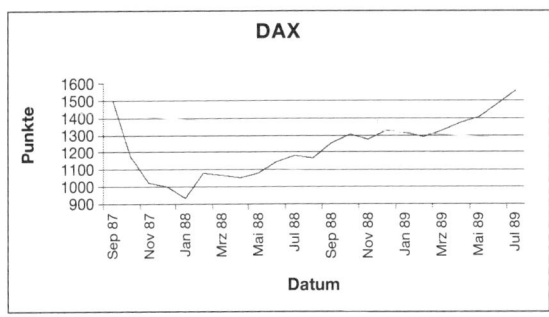

30. 9. 1987 – 31. 7. 1989

Wer sich erinnert oder es möglicherweise aus anderen Quellen weiß: 1987 lauteten die drei negativen Faktoren an der Börse sinkender Dollar, steigender Ölpreis, höhere Leitzinsen in den USA. Am 19. Oktober 1987 kam es dann zum Schwarzen Montag. Allein an der Wall Street wurden Börsenwerte von 500 Milliarden Dollar »vernichtet« (zumindest auf dem Papier!). Die Folge: Panik auch in Frankfurt und ein Kurseinbruch von 25 Prozent. Wer 1987 mit allem Geld auf den DAX spekulierte, hatte zittrige Monate vor sich und sein Geld erst im Juli 1989 wieder. Wer dagegen regelmäßig in den Index bzw. am Markt investierte, kassierte bis zum Juli 1989 eine satte Rendite von 30 Prozent jährlich.

Spätestens hier greifen die beschriebene 2-Topf-Strategie und die Botschaft: Machen Sie aus Ihren Einmalanlagen Sparpläne. Oder: Wenn eine Baisse anbricht, wenn die Kurse nach unten sinken, lösen Sie alle Einmalanlagen auf und investieren aus diesen Einmalanlagen regelmäßig einen festen Betrag in den entsprechenden Index. Mit dieser Strategie zählen Sie auf Dauer garantiert zu den Gewinnern!

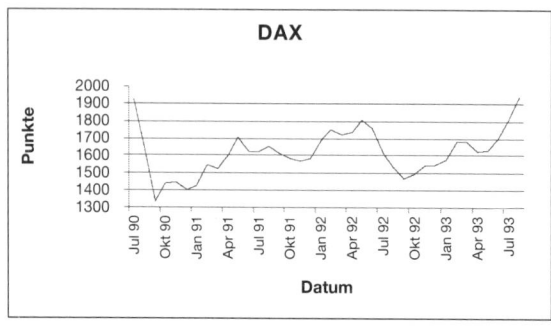

31. 7. 1990 – 31. 8. 1993

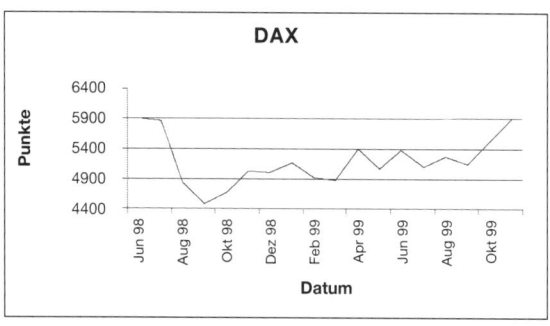

30. 6. 1998 – 30. 11. 1999

Auch für die Kursverläufe der DAX-Krisen von 1990 und 1998 nun die jeweiligen Renditen, die ein Sparer, der in der Krise Monat für Monat regelmäßig investierte, erzielen konnte.

Zeitraum	Ereignis	Rendite (Prozent)
31. 5. 1961 – 30. 4. 1968	Rezession	8
27. 2. 1970 – 30. 3. 1972	Ostwestkonflikt	11
30. 3. 1973 – 30. 1. 1976	Ölpreisschock	17
30. 9. 1987 – 31. 7. 1989	Schwarzer Montag	30
31. 7. 1990 – 31. 8. 1993	Kuwaitkrise	13
30. 6. 1998 – 30. 11. 1999	Russlandkrise	20

Nach dem Wirtschaftswunder, das in Deutschland nach dem Zweiten Weltkrieg begann, schwächte sich die Wirtschaft ab. Viele Anleger waren zu diesem Zeitpunkt der Meinung, in solchen Krisenzeiten sei das Sparbuch die sicherste Anlageform. Eine fatale Fehleinschätzung, wie die Tabelle zu den DAX-Renditen in Crash-Zeiten zeigt. Die Rendite für den schlechtesten Zeitraum, 1961 bis 1968, war rund viermal so hoch, wie die vermeintlich sichere Sparbuchrendite:

Monatliche Sparrate 100 Mark, Dauer 6 Jahre und 11 Monate

Sparbuchsparer	Baissesparer
1,5 Prozent/Jahr	8 Prozent/Jahr
8737 Mark	10 924 Mark

Nasdaq

Gerade Ende 2000 und Anfang 2001 gab es immer wieder unsichere Anleger, die am Erfolg regelmäßiger Investitionen in Wachtsumsaktien zweifelten. Die Vergangenheit zeigt: Einbrüche gab es immer wieder. Es stellt sich also die Frage, ob Anleger, die nach dem Cost-Average-Prinzip handeln, auch hier trotz teils erheblicher Kurseinbrüche auf Dauer auf der sicheren Seite waren.

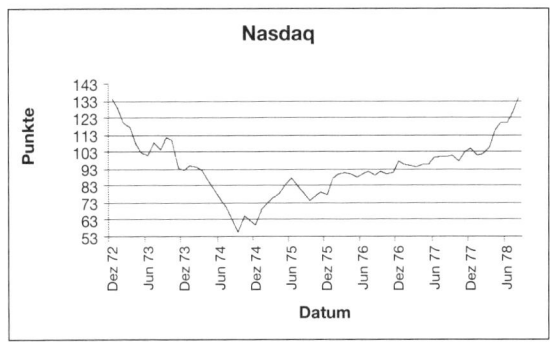

29. 12. 1972 – 31. 8. 1978

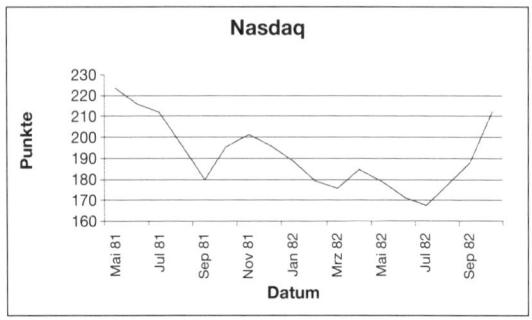

29. 5. 1981 – 29. 10. 1982

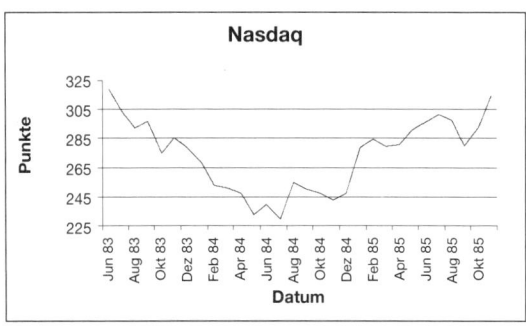

30. 6. 1983 – 29. 11. 1985

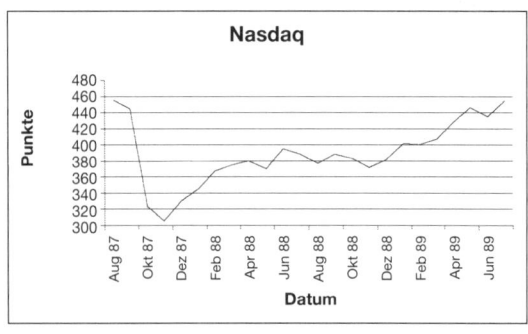

31. 8. 1987 – 31. 7. 1989

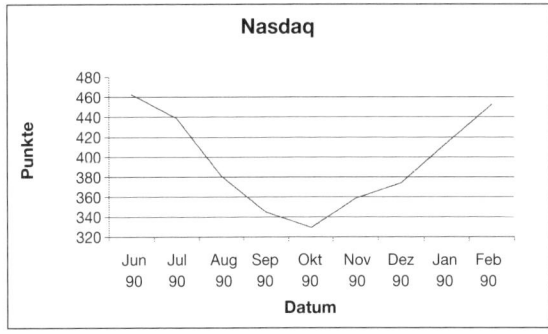

29. 6. 1990 – 28. 2. 1991

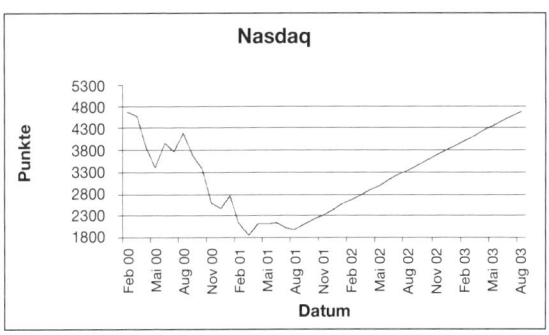

29. 2. 2000 – 29. 8. 2003

Und hier die Renditen für diese Phasen:

Zeitraum	Ereignis	Rendite (Prozent)
29. 12. 1972 – 31. 8. 1978	Ölpreisschock	14
29. 5. 1981 – 29. 10. 1982	Rezession	17
30. 6. 1983 – 29. 11. 1985	PC-Flaute	12
31. 8. 1987 – 31. 7. 1989	Schwarzer Montag	18
29. 6. 1990 – 28. 2. 1991	Kuwaitkrise	55
29. 2. 2000 – 29. 8. 2003	Rezession	27

Ergebnis: Crash hin, Crash her. Jede Baisse brachte den kontinuierlich weiter investierenden Anlegern Renditen im zweistelligen Bereich. Beim letzten berechneten Zeitraum in der Tabelle wurde dabei angenommen, dass der Index bis zum 29. 8. 2003 die »alten« Höchststände wieder erreichen wird.

Nikkei 225

Der Nikkei 225 kannte seit 1990 nur einen Weg – den nach unten. Auch hier fragen sich viele Anleger, ob er noch an die Höchststände von 1989 wieder anknüpfen kann, ob der japanische Index überhaupt wieder steigen wird. Beim ersten in der Tabelle berechnetem Zeitraum wurde davon ausgegangen, dass der japanische Index in den in den kommenden 15 Jahren sukzessive wieder bis auf den Indexstand von 38 000 steigen wird. Die anderen Zahlen beweisen: Auch das »Land der aufgehenden Sonne« bot in der Vergangenheit regelmäßig sparenden Anlegern, die die Nerven hatten, beträchtliche Renditechancen in Baissezeiten.

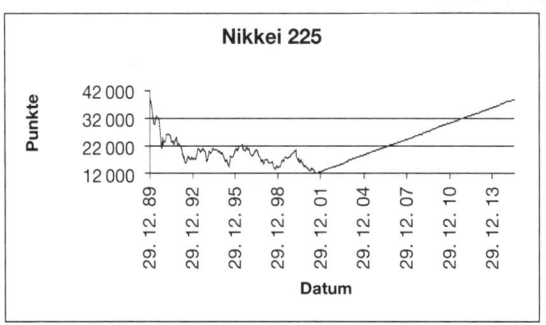

29. 12. 1989 – 31. 7. 2015

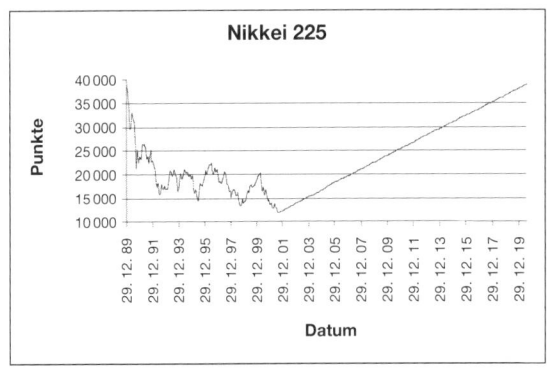

29. 12. 1989 – 31. 7. 2020

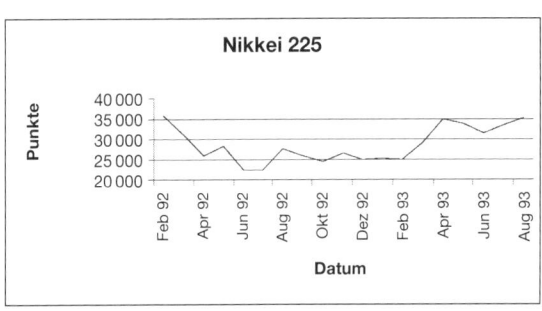

28. 2. 1992 – 31. 8. 1993

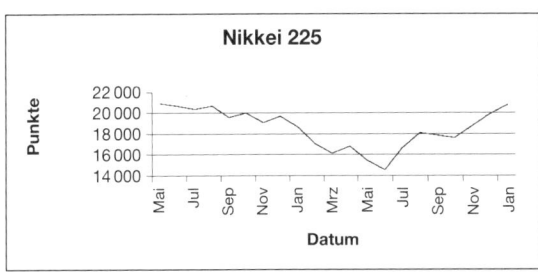

31. 5. 1994 – 31. 1. 1996

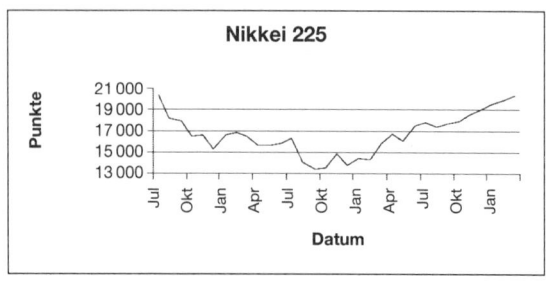

31. 7. 1997 – 31. 3. 2000

Und so sehen die entsprechenden Renditen aus:

Zeitraum	Ereignis	Rendite (Prozent)
29. 12. 1989 – 31. 7. 2015	Immobilienkrise	5
29. 12. 1989 – 31. 7. 2020	Immobilienkrise	4
28. 2. 1992 – 31. 8. 1993	Erdbeben von Kobe	20
31. 5. 1994 – 31. 1. 1996	Asienkrise	16
31. 7. 1997 – 31. 3. 2000	Bankenkrise	16

(© Bernd W. Klöckner, www.berndwkloeckner.de)

Ergebnis: In allen kurzfristigen Baissezeiten könnten Anleger zweistellige Renditen kassieren. Und selbst wenn die große, seit 1990 andauernde Baisse noch 15 Jahre andauern sollte und erst in 15 Jahren der japanische Index wieder den Punktestand von 1990 erreicht, werden besonnene und regelmäßig investierende Anleger kein Geld verloren haben. Das gilt auch dann, wenn der japanische Index bis zum Jahr 2020 braucht.

Eines jedoch macht dieser Vergleich deutlich: Setzen Sie nicht auf einzelne Länder. Setzen Sie daher auch nicht auf einzelne Länderfonds. Investieren Sie Ihr Geld international in Aktien oder einfacher in international anlegende Aktienfonds.

FTSE-100

Auch die Londoner Börse hat 1987 unter dem »Schwarzen Montag« gelitten. Die Kurse purzelten nach unten, und die Leute bekamen Angst, dass die Kurse nie wieder steigen würden. Doch der untere Chart belehrt all diese Personen, dass die Kurse wieder zu den alten Höchstständen schnellten. In genau dieser Zeit hätte ein Zertifikat, das auf den Index aufgelegt ist, eine Rendite von 26 Prozent erzielt. Die Tabelle:

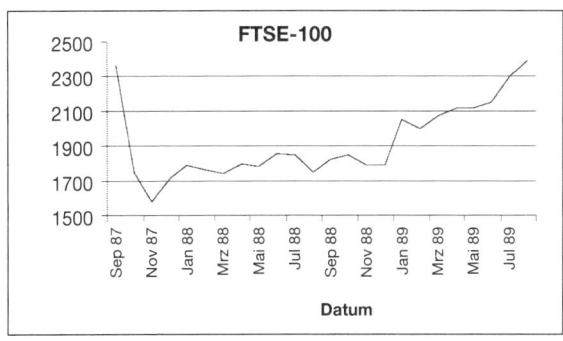

30. 9. 1987 – 31. 8. 1989

Nemax 50

Der Nemax 50 kannte in seiner kurzen Geschichte nur einen Weg: Er wollte an die 8000-Punkte-Grenze, um dann wieder auf den Boden zurückzukommen. Das Institut hat geprüft, welche Rendite ein Anleger erzielt, wenn er bei diesem 8000-Punkte-Stand beginnt, monatlich einen fixen Betrag anzulegen, und dann nach der Erholung den Sparplan beendet.

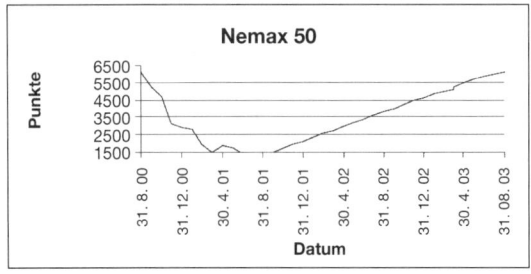

31. 8. 2000 – 31. 8. 2003

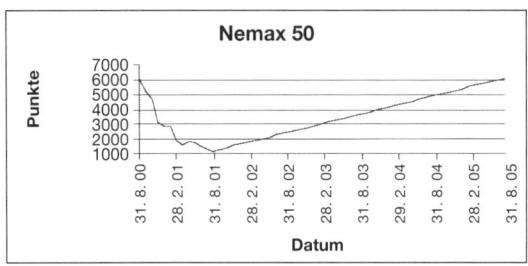

31. 8. 2000 – 31. 8. 2005

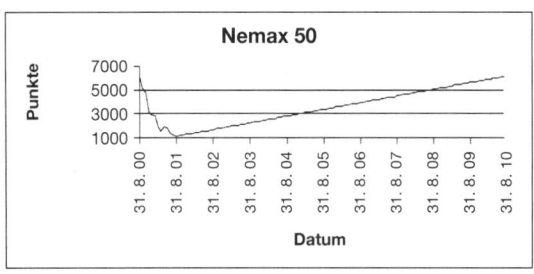

31. 8. 2000 – 31. 8. 2010

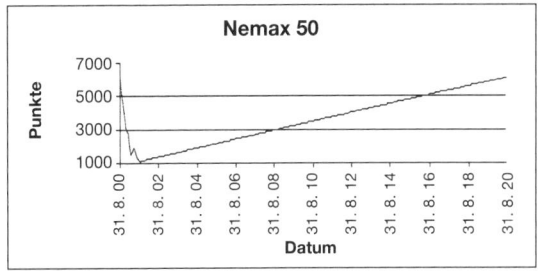

31. 8. 2000 – 31. 8. 2020

Je nachdem, wie lange der Nemax 50 braucht,
ergeben sich folgende Renditen:

Zeitraum	Rendite (Prozent)
31. 8. 2000 – 31. 8. 2003	65
31. 8. 2000 – 31. 8. 2005	33
31. 8. 2000 – 31. 8. 2010	15
31. 8. 2000 – 31. 8. 2020	7

(© Bernd W. Klöckner, www.berndwkloeckner.de)

In drei Beispielen wird davon ausgegangen, dass der Index die
Höchststände zum 31. 8. 2003, 2005 oder 2010 wieder erreichen
wird. Und selbst wenn, wie im vierten Beispiel, der Index erst
zum 31. 8. 2020 wieder bei 6100 Punkten stehen würde, hätte ein
Anleger mit regelmäßigen Sparraten zu diesem Zeitpunkt eine
Rendite von sieben Prozent effektiv erzielt.

Nemax All Shares
Der Nemax All Shares hat genau den gleichen Weg gemacht
wie der Nemax 50. Die Kursbewegungen sind also fast iden-
tisch. Dieses Bild zeigt auch die Tabelle.

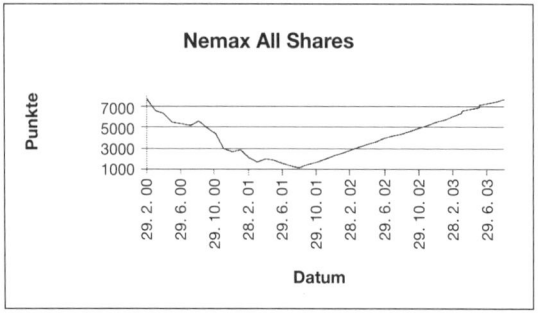

29. 2. 2000 – 31. 8. 2003

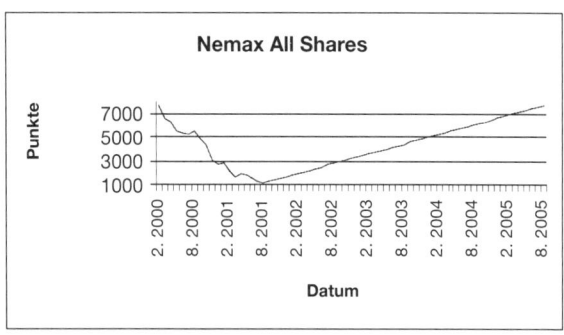

29. 2. 2000 – 31. 8. 2005

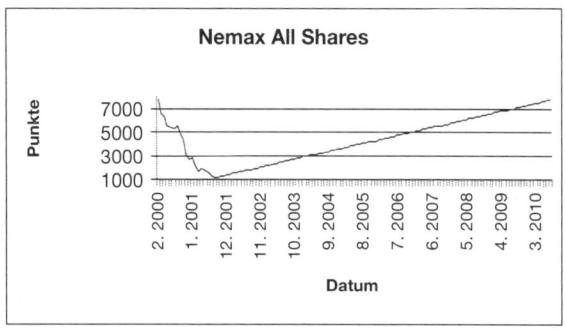

29. 2. 2000 – 31. 8. 2010

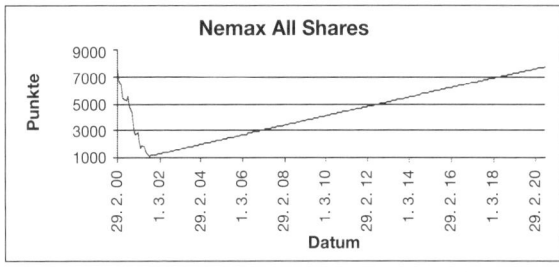

29. 2. 2000 – 31. 8. 2020

Die Renditen für diese angenommenen Fälle:

Zeitraum	Rendite (Prozent)
29. 2. 2000 – 31. 8. 2003	58
29. 2. 2000 – 31. 8. 2005	33
29. 2. 2000 – 31. 8. 2010	16
29. 2. 2000 – 31. 8. 2020	8

(© Bernd W. Klöckner, www.berndwkloeckner.de)

Wie auch beim Nemax 50 wurde der Crash im Jahr 2000 untersucht und ebenfalls bis zum 31. 8. 2003, 2005 und 2010 weitergerechnet, bis der Index wieder den Stand vor dem Kursrückgang erreicht. Und auch hier gilt: Wäre dies erst wieder am 31. 8. 2020 der Fall, hätte ein Anleger der regelmäßig den gleichen monatlichen Betrag in diesen Index investierte ein Rendite von acht Prozent erzielt.

CAC 40
In Frankreich wurden zwei Crashs auf ihre Renditechancen hin untersucht. Abermals bestätigte sich, dass in großen Indizes, die immer wieder an ihre Höchststände klettern, große Gewinnchancen lauern.

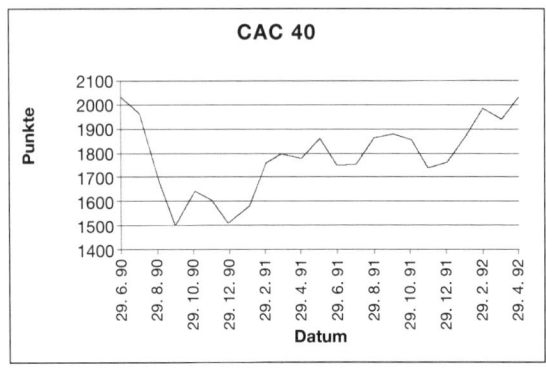

29. 6. 1990 – 29. 4. 1992

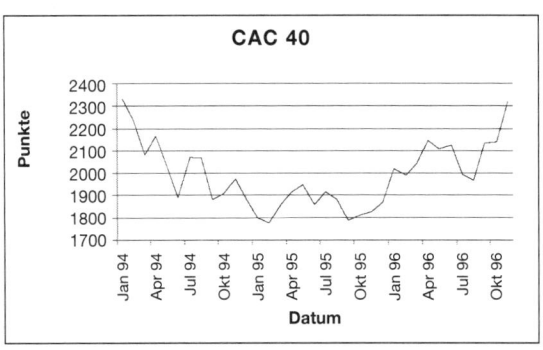

31. 1. 1994 – 29. 11. 1996

Zeitraum	Rendite (Prozent)
29. 6. 1990 – 29. 4. 1992	15
31. 1. 1994 – 29. 11. 1996	11

(© Bernd W. Klöckner, www.berndwkloeckner.de)

In zwei Jahren ist eine Rendite von über zehn Prozent zu erreichen, selbst wenn eine Baisse vorausgegangen ist.

Mit Geduld zum Reichtum!

Schon der Börsenexperte André Kostolany war der Ansicht, dass jeder Anleger Renditen durch Geduld oder durch Einnahme einer Schlaftablette erzielen kann. Sie müssen es nur in die Tat umsetzen und einen Sparplan beginnen. Das ist die einfachste Gesetzmäßigkeit für Reichtum und Wohlstand. Sparen und investieren Sie regelmäßig.

Es handelt sich hier auch um einen psychologischen Aspekt. Wer es in den Schwächephasen mit der Angst zu tun bekam und den Sparplan auflöste, der konnte keine Gewinne, sondern nur Verluste erzielen. Wer aber hart blieb und den Plan weitergeführt hat, der wurde in allen (!) Fällen der Vergangenheit mit hohen Renditen belohnt.

Die Botschaft lautet: Handeln Sie gegen den Trend. Wenn die Leute behaupten, dass die Kurse nie wieder steigen werden, wenn die Leute aus Aktien oder Aktienfonds-Sparplänen aussteigen, dann steigen Sie ein.

Um auch das letzte Risiko – bis auf das einer gesamtwirtschaftlichen, alle Länder erfassenden Rezession – auszuschließen, setzen Sie dabei auf international anlegende Aktienfonds. Der Vollständigkeit halber sind daher noch die Renditeberechnung für den S&P 500 und den MSCI World Index aufgeführt. Der S&P 500, ausgesprochen Standard & Poor's 500 Index, beinhaltet die 500 besten US-Unternehmen und somit auch nur die US-Wirtschaft. Standard & Poor's ist seit 1860 weltweit führender Anbieter unabhängiger Finanzanalysen und -informationen. MSCI, Morgan Stanley Capital International, ist einer der führenden Anbieter von Indizes und Benchmarks sowie Serviceanbieter für Investoren auf der ganzen Welt.

Um die gesamte Weltwirtschaft zu beobachten, eignet sich der MSCI World Index besonders gut dafür. Hier wurden fünf Krisen im Zeitraum von 1968 bis 2000 bei beiden Indizes auf den Cost-Average-Effekt geprüft.

S & P 500

Zeitraum	Ereignis	Rendite (Prozent)
30. 11. 1968 – 30. 4. 1972	Vietnamkrieg	8
31. 12. 1973 – 31. 7. 1980	Ölpreisschock	6
30. 11. 1980 – 31. 12. 1982	Rezession	12
31. 8. 1987 – 31. 5. 1989	Schwarzer Montag	18
31. 5. 1990 – 28. 2. 1991	Kuwaitkrise	26

(© Bernd W. Klöckner, www.berndwkloeckner.de)

MSCI World Index

Zeitraum	Ereignis	Rendite (Prozent)
31. 12. 1969 – 26. 2. 1971	Vietnamkrieg	16
30. 3. 1973 – 31. 8. 1979	Ölpreisschock	7
30. 3. 1981 – 28. 2. 1983	Rezession	13
31. 8. 1987 – 30. 12. 1988	Schwarzer Montag	16
29. 12. 1989 – 28. 5. 1993	Kuwaitkrise	8

(© Bernd W. Klöckner, www.berndwkloeckner.de)

Der S&P 500 ist mit einer geringfügig höheren Rendite als der MSCI World Index erfolgreicher, aber nicht unbedingt rentabler, da er nur eine Region widerspiegelt. Der MSCI ist durch den gesamten Weltmarkt stabiler und verliert in schwächeren Phasen nicht so viel, wie es der Standard & Poor's macht. Grundsätzlich ist also die Entwicklung des MSCI World Index ein hervorragendes Beispiel dafür, dass Anleger, die regelmäßig in international anlegende Aktienfonds sparen – die sich stets vergleichbar zum MSCI World Index entwickeln –, auf Dauer nur gewinnen können: in Zeiten steigender Kurse ohnehin, mit Sparplänen aber auch in schlechtesten Zeiten.

15. Reichtums-Gesetz

So bekannt der Cost-Average-Effekt sein mag, so verblüffend sind die durch diesen Effekt möglichen Renditen. Das einzige

Problem dabei: Die Leute wollen lieber den Nervenkitzel bei der Auswahl des vermeintlich richtigen Ein- und Ausstiegs. Die einfache Sparstrategie in zwei, drei sorgsam ausgewählte, international anlegende Aktienfonds über zehn, 15, 20 oder noch mehr Jahre erscheint den Leuten langweilig. Die Cost-Average-Strategie ist sehr, sehr erfolgreich, aber auch sehr, sehr langweilig. Sie müssen nichts weiter tun, als einen, zwei, oder drei Fondssparpläne abschließen und sparen, sparen, sparen. Und wer die zwischenzeitlichen Baissen an den Börsen nutzen will, beginnt bei Beginn einer größeren Baisse einen zusätzlichen Sparplan.

Diese Strategie gilt auch für alle, die schon etwas älter sind und nicht mehr in großen Zeiträumen planen. Diese Leute verfügen oft über ein gewisses Vermögen. Auch für diese Leute heißt es: Nutzen Sie die nächste stärkere Baisse, machen Sie nach der 2-Topf-Strategie aus Ihren Einmalanlagen Sparpläne, und setzen Sie so auf die Chance zweistelliger Renditen innerhalb weniger Jahre.

Sparen und Investieren Sie regelmäßig. Das ist das ganze Geldgesetz der Gewinner. Wer auf Dauer reich werden will, kommt an Aktienanlagen nicht vorbei. Streuen Sie Ihr Geld in internationale Aktien (das geht am leichtesten über einen international anlegenden Aktienfonds). Die alles entscheidende Botschaft dieser ist: Kein Anleger, der regelmäßig sparte und in Aktien(fonds) investierte, hat in der Vergangenheit – und sei es in noch so schlechten Börsenzeiten – auf Dauer Geld verloren!

16. Wann die 2-Topf-Strategie nicht funktioniert

Setzen Sie auf international anlegende Aktienfonds. Meiden Sie für diese Strategie Spezialfonds, Branchenfonds oder sonstige spekulative Fonds. Meiden Sie jede Form von »Modefonds«. Ich bezeichne damit solche Fonds, die mal schnell in irgendwelchen Zeiten von irgendwelchen Fondsgesellschaften aufgelegt werden, um das Bedürfnis der Leute nach einem aktuellen Trend zu befriedigen.

Da gibt es Japanfonds, nachdem die japanische Börse eine kleine Hausse hingelegt hat und plötzlich alle wieder in Japan investieren wollen. Das Ergebnis: Die Fonds werden aufgelegt, nachdem die Hausse stattgefunden hat. Da gibt es Luxusfonds, also Fonds, die nur in Firmen investieren, die Luxusgüter produzieren. Dann gibt es zu einer anderen Zeit irgendwelche Jugendfonds, die das Geld der Anleger ausschließlich in solche Firmen investieren, die Konsumgüter für Jugendliche herstellen.

Meine persönliche Meinung: Diese Fondskreationen bringen nur einem sicheres Geld, nämlich der Fondsgesellschaft. Ob Sie mit solchen Modefonds jemals auf Dauer Geld verdienen, ist mehr als unsicher. Wobei es im Übrigen noch eine sehr einfache Erklärung gibt, weshalb Sie Trend- und Modefonds meiden müssen: Diese Fonds werden ebenfalls – wie im Fall des Japanfonds beschrieben – dann aufgelegt, wenn der Trend ein Trend geworden ist. Wenn die Mode zur Mode geworden ist. Sie steigen also bei solchen Trend- und Modefonds nahezu niemals zu Beginn einer Entwicklung ein, sondern eher zum Höhepunkt einer Entwicklung. Das ist kein besonders gutes Geschäft.

Ein international anlegender Aktienfonds kann selbstverständlich auch im Kurs sinken. Aber niemals werden alle Börsen der Welt gemeinsam und für immer nur nach unten gehen. Bei Spezial-, Trend- und Modefonds kann es Ihnen jedoch passieren, dass Sie einen Trend erwischen, der irgendwann wieder völlig zum Erliegen kommt. Dann würde die Aufschwungphase fehlen, was ein wesentlicher Teil zum Erfolg der in Lektion 15 beschriebenen Strategie ist.

Selbst dann, wenn in Zeiten boomender Börsen und boomender Spezial- und Modefonds ein international anlegender

Aktienfonds vorübergehend langweilig wirken kann, bleiben Sie Ihrer Linie den international anlegenden Aktienfonds treu. Investieren Sie weiterhin in diesen Fondstyp, Monat für Monat, Jahr für Jahr – und Sie kassieren am Ende Ihrer geplanten Sparzeit ein erhebliches Vermögen.

16. Reichtums-Gesetz

International anlegende Aktienfonds sind die optimale Investition, wenn Sie an den Chancen der Aktienmärkte teilnehmen wollen. International anlegende Aktienfonds schwanken, bedingt durch gute und schlechte Börsenzeiten, im Kurs. Aber es gibt, anders als bei Spezial-, Trend- und Modefonds, kein mögliches Ende des internationalen Aktienmarktes. Also nur dann, wenn die gesamte Wirtschaft weltweit zum Erliegen käme. Das bedeutet: Sinken international anlegende Aktienfonds im Kurs, werden sie – wann auch immer – mal wieder steigen. Das ist die Voraussetzung dafür, dass Sie unterm Strich mit entsprechenden Sparplänen beste Chancen auf zehn Prozent und mehr Rendite haben.

17. Was ist, wenn ich nach ein paar Jahren in eine Baisse gerate?

Reich ohne Risiko – der Titel dieses Buches ist auch ein Versprechen. In den letzten Lektionen ging es darum, welche Renditen in welchen Krisenzeiträumen möglich waren und warum Sie aus Einmalbeträgen Sparpläne machen sollten.

Wie aber sehen die Ergebnisse eines Anlegers aus, wenn er bereits vor einer Krise seinen Fondssparplan abgeschlossen hatte? Auch hierzu wieder ein paar Beispiele. Die erste Zeile steht für die Lektion »Wie Sie selbst in schlechtesten Börsenzeiten ohne Risiko reich werden können«. Dann wird der Beginn des Sparplans um verschiedene Zeiträume zurückversetzt. Das Ende des (Fonds-)Sparplans wurde konkret auf den 31. 8. 1993 festgelegt.

Zeitraum	Ereignis	Rendite (Prozent)
31. 7. 1990 – 31. 8. 1993	Cost-Average-Effekt	12,74
31. 7. 1989 – 31. 8. 1993	1 Jahr zuvor gespart	8,74
31. 7. 1988 – 31. 8. 1993	2 Jahre zuvor gespart	8,87
31. 7. 1987 – 31. 8. 1993	3 Jahre zuvor gespart	14,36
31. 7. 1986 – 31. 8. 1993	4 Jahre zuvor gespart	11,93
31. 7. 1985 – 31. 8. 1993	5 Jahre zuvor gespart	10,36
31. 7. 1984 – 31. 8. 1993	10 Jahre zuvor gespart	11,16

(© Bernd W. Klöckner, www.berndwkloeckner.de)

17. Reichtums-Gesetz

Wer regelmäßig in Aktien(fonds) investiert und nicht zu einem festgelegten Zeitpunkt aus irgendwelchen Gründen verkaufen muss, steht auf Dauer auf der Gewinnerseite. Die Frage nach dem richtigen Einstiegszeitpunkt für (Fonds-)Sparpläne ist schlichtweg überflüssig. Fondssparpläne lohnen sich immer! (Aktien-)Fondssparpläne bringen nahezu sicher eine Rendite zwischen 8 und 12 Prozent. Vorausgesetzt, es gibt keine Jahre und Jahrzehnte andauernde Wirtschaftsflaute. Beachten Sie die Regel: Besser sofort begonnen, als nach dem perfekten Fonds, wegen der Suche nach dem perfekten Einstiegszeitpunkt Jahre gewartet! Wenn Sie noch mindestens zehn Jahre sparen und investieren können, sind die Chancen weit, weit größer als die Risiken!

18. Investmentfonds:
Reich *bleiben* ohne Risiko

Immer wieder erreichen mich Anrufe von Leuten, die bereits ein Vermögen gemacht haben und nun wissen wollen, wie sie ihr Vermögen am besten aufbrauchen. Wenn Sie bereits ein Alter erreicht haben, von dem an Sie Ihr Vermögen aufbrauchen wollen, gilt speziell für die Auszahlung einer privaten Rente aus vorhandenem Fondsvermögen eine wichtige Regel, die den so genannten negativen Cost-Average-Effekt berücksichtigt.

Zu Beginn dieses Kapitels möchte ich mit einem kurzen Beispiel und einigen Zahlen noch einmal den Cost-Average-Effekt erklären. Hierzu folgendes Beispiel. Sie wollen monatlich 500 Euro in einen Fondssparplan investieren. Dann kann die Entwicklung wie folgt aussehen:

Monat	Monatsrate	Preis pro Fondsanteil	Gekaufte Anteile
1	500	500	1
2	500	500	1
3	500	250	2
4	500	100	5
5	500	250	2
6	500	500	1
7	500	250	2
8	500	500	1
9	500	250	2
10	500	100	5
11	500	250	2
12	500	500	1
Summe:	6000		25

Das bedeutet: Sinken die Preise eines Investmentfonds (sinkende Börsenkurse) und kaufen Sie weiterhin für einen festen Betrag die Fondsanteile jeden Monat, dann erwerben Sie bei sinkenden Kursen viele Anteile und bei steigenden Kursen weniger Anteile. Besser kann es auch kein Profi. Das Ganze gilt für die Sparphase. Jetzt zur Entsparphase und dem negativen Cost-Average-Effekt.

Betrachten Sie dazu folgendes Beispiel.

Monat	Vermögen	Anteile	Anteilswert	Anteile für 2000-Euro-Entnahme
1	50 000	100	500	4
2	38 400	96	400	5
3	18 200	91	200	10
4	8 100	81	**100**	20
5	12 200	61	200	10
6	20 400	51	400	5
7	23 000	46	500	4
8	21 000	42	500	4
9	7 600	38	**200**	10
10	2 800	28	100	20
11	4 000	8	500	4
12	2 000	4	500	4
Summe:				100

Wenn Sie also monatlich einen festen Betrag entnehmen wollen und das unabhängig vom Preis eines Fondsanteils tun, dann verkaufen Sie bei sinkenden Fondspreisen in schlechten Börsenzeiten viele Fondsanteile. Mit anderen Worten: Sie verkaufen dann viel, wenn die Preise schlecht sind, und verkaufen wenig, wenn die Preise hoch sind. Schlechter können Sie also nicht handeln. Auf diese Weise reduzieren Sie in schlechten Zeiten

Ihr Vermögen drastisch. In unserem Beispiel ist bereits nach einem Jahr Ihr Vermögen aufgebraucht. Das bedeutet: In Entnahmezeiten dürfen Sie niemals einen festen Betrag entnehmen, sondern sollten eine feste Anzahl von Fondsanteilen verkaufen. Dann haben Sie zwar in schlechten Börsenzeiten ein bisschen weniger Geld zur Verfügung, vermeiden jedoch, dass Sie Ihre Fondsanteile zu Schleuderpreisen verkaufen.

18. Reichtums-Gesetz
Für alle Entnahmezeiten gilt: Entsparen Sie, indem Sie eine feste Zahl von Fondsanteilen verkaufen. Entnehmen Sie in Entsparzeiten – sofern Sie es sich erlauben können – niemals einen festen Betrag. Denn in schlechten Börsenzeiten, beispielsweise in Zeiten wie zuletzt seit Anfang 2000, wählen Sie dann die vollkommen falsche Strategie. Ihr Vermögen würde sich in schlechten Börsenzeiten möglicherweise in wenigen Jahren drastisch reduzieren.

19. Die 50:50-Gewinnerregel und warum Bargeld so wichtig ist

Die folgende Lektion klingt einfach. Fast zu einfach, überflüssig. Und dennoch ist es eine der wichtigsten Lektionen auf Ihrem Weg zu Reichtum ohne Risiko. Diese wichtige Lektion besteht aus zwei wesentlichen Botschaften: *Die erste Botschaft lautet:*

Wer als Investor dauerhaft Gewinn erzielen will, sollte sich angewöhnen, die Hälfte seiner erzielten Gewinne sicher zu verwahren.

Die zweite Botschaft lautet:

Wer als Investor erfolgreich werden will, sorgt dafür, dass er immer wieder, von Zeit zu Zeit, das eigene Geld als etwas Reales wahrnimmt.

Nur wer die erste Botschaft beachtet und anwendet, verfügt stets über ausreichend Geld, um in jeder Börsensituation angemessen reagieren zu können. Wie wir wissen, sind Geld und Geduld wesentliche Gewinnereigenschaften. Wer dafür sorgt, dass stets die Hälfte des jeweiligen Profits sicher verwahrt wird, baut sich auf diese Weise ein großes Geldpolster auf. Ich selbst habe lange Zeit gebraucht, um die Wichtigkeit dieser ersten Botschaft zu verstehen. Nachdem ich es verstanden hatte und bei meinen Börsengeschäften anwandte, ging es mir besser als je zuvor.

Das Ganze ist – nebenbei bemerkt – auch psychologischer Natur. Wer stets ein gefülltes, von seinen übrigen Investitionen und Spekulationen getrenntes Bankkonto hat, ist stets ruhiger und selbstbewusster, handelt stets beherrschter als diejenigen, die nahezu alles investieren und dementsprechend, insbesondere in schwierigen Börsenzeiten, unbeherrscht oder schlichtweg unklug reagieren. Viele Anleger, insbesondere viele Anfänger sind der Meinung, eine Hälfte des Profits sicher wegzulegen wäre unsinnig. Schließlich könne man dieses Geld doch an der Börse um ein Vielfaches vermehren. Glauben Sie mir: Das Gegenteil ist der Fall. Ein gefülltes und sicher angelegtes Bankkonto sorgt stets für ruhigere und klügere Entscheidungen und bringt Ihnen unterm Strich mehr Geld, als wenn Sie alles auf eine Karte setzen.

Ich für meinen Fall bedauere sehr, dass ich diesen Grundsatz, dass ich diese wichtige erste Botschaft erst sehr spät berücksichtigte. Viele teure Fehlentscheidungen der Anfangsjahre meiner Börsengeschäfte wäre mir erspart geblieben, wenn ich diesen Grundsatz, also die Hälfte des Profits als Reserve zurücklegen, beachtet hätte.

Nun zur zweiten Botschaft. Ich habe bereits die Ähnlichkeiten beschrieben, die sich manchmal zwischen Börse und Spielcasino ergeben. Auch bei dieser zweiten Botschaft gibt es Ähnlichkeiten. Denn die meisten Menschen würden im Spielcasino nur ein Bruchteil dessen investieren, was sie investieren, wenn sie statt Jetons Bargeld setzen müssten. Die Jetons sind Spielgeld. Der Besuch eines Spielcasinos wird daher zum Spiel degradiert. Ein Spiel hat keine Folgen, ein Spiel ist ein Spiel und keine Realität. Wir alle kennen Spiele aus der Kinderzeit. Ob *Mensch ärgere dich nicht* oder *Monopoly*, wer verlor, konnte trotzdem lachen. Schließlich war es nur ein Spiel.

Zurück zum Casino und zur Börse: Die Jetons im Spielcasino verleiten die Spieler zu hohen Einsätzen, zu höheren Einsätzen, als sie riskieren würden, wenn sie Bargeld setzen müssten. Das Erschrecken, die Fassungslosigkeit kommt bei vielen erst zum Schluss des Casinobesuches. Dann, wenn die übrigen Jetons umgewechselt werden. Wenn der Besucher den Unterschied zwischen dem vielen in Jetons eingewechselten Geld zu Beginn und dem geringen Wechselbetrag am Ende spürbar wahrnimmt.

Vor Jahren stieß ich auf eine Studie von Studenten einer deutschen Universität. Diese Studenten hatten Spielcasinobesucher mehrfach in zwei Gruppen geteilt. Die Personen beider Gruppen, jeweils fünf Teilnehmer, bekamen den gleichen Geldbetrag beim Eintritt ins Casino. Die erste Gruppe wechselte den Betrag in Jetons ein und spielte, die zweite Gruppe hatte die Aufgabe, mit Scheinen zu spielen. Das Ergebnis: Die erste Gruppe setzte signifikant öfter und verlor beträchtlich mehr als die zweite Gruppe, die reales Geld in die Hand nehmen und setzen musste.

Das Ganze lässt sich auf die Börse übertragen: Ich habe die Erfahrung gemacht, dass Menschen, die nur noch virtuell handeln, größere Risiken eingehen, gieriger sind und unterm Strich mehr Geld verlieren als diejenigen, die sich hin und wieder ihr virtuelles Geld auch real betrachten, sich also einige tausend Mark auszahlen lassen, dieses Geld in die Hand nehmen, es zählen, es spüren. Dieser Tipp mag sehr eigenartig klingen, aber ich verspreche Ihnen: Sie machen mehr Gewinn und handeln erfolgreicher, wenn Sie Geld als etwas Reales in Erinnerung behalten und eben nicht als Spielgeld.

19. Reichtums-Gesetz

Wenn Sie dauerhaft gewinnen wollen, wenn Sie das Risiko, das Sie einzugehen bereit sind, auch psychologisch im Griff halten wollen, handeln Sie nach der 50:50-Gewinnerregel und entnehmen Sie von Zeit zu Zeit größere Mengen an Bargeld. Wenn Sie so vorgehen, besitzen Sie immer genug Reserve, Ihr Geld bleibt greifbar. Sie werden, wenn Sie Geld regelmäßig in die Hand nehmen, so etwas wie Stolz empfinden. Der regelmäßige Kontakt mit Ihrem Geld wird es Ihnen schwerer machen, sich auf waghalsige Aktienspekulationen einzulassen.

20. Hin und her macht Taschen leer

Immer wieder erreichen mich Anfragen, wie man wirklich alles, also noch den letzten Renditepunkt, aus seiner Fondsanlage herausholen kann. Kurios dabei ist: Oft handelt es sich um Leute, die bislang »auf Nummer sicher« in Sparbücher und renditeschwache Sparpläne gespart haben, die jetzt aber den großen Reibach machen wollen. Und das möglichst schnell, versteht sich. Solche Anleger denken oft:

- Dann setze ich ab jetzt jedes Jahr auf den Top-Fonds des letzten Jahres (einer bestimmten Kategorie, zum Beispiel internationale Aktien). So sichere ich mir jedes Jahr die höchsten Renditen, auf Dauer damit den höchsten Gewinn.
- Dann setze ich doch besser auf Fonds, die so richtig aggressiv am Markt investieren. Diese Fonds machen zwar auch mal zwischendurch 15 Prozent oder mehr Verlust, dafür in guten Jahren 20 Prozent und mehr Gewinn. Unterm Strich muss sich das doch rechnen!

Diese Ansichten sind falsch und führen unterm Strich statt zu dem erhofften Mehrgewinn zu einem schlechteren Ergebnis, als wenn Sie auf kontinuierliche Gewinnerfonds setzen. Für viele von Ihnen trifft zu: Bis gestern haben Sie womöglich um Fondssparpläne einen großen Bogen gemacht oder im Vergleich zu Ihren sonstigen Geldanlagen nur wenig in Fonds gespart. Seien Sie doch zufrieden, wenn eine Fondsanlage Ihnen über die nächsten Jahre kontinuierlich neun Prozent bringt. Das ist immer noch eine Menge mehr, als Sie bislang erzielt haben.

Typ »Gewinngierig« contra Typ »Kontinuität«

Jahr	GIERIG Rendite pro Jahr	KONTINUIERLICH Rendite pro Jahr
1	23	8
2	19	8
3	16	8
4	– 17	8
5	8	8
6	14	8
7	19	8
8	– 13	8
9	– 7	8
10	12	8
11	14	8
12	13	8
13	– 20	8
14	20	8
15	19	8
16	13	8
17	10	8
18	– 20	8
19	14	8
20	19	8

Schätzen Sie selbst! Wer gewinnt am Schluss?

Jahr	GIERIG Rendite pro Jahr	Ergebnis	KONTINUIERLICH Rendite pro Jahr	Ergebnis
	Einmalanlage:	1000		1000
1	23	1230	8	1080
2	19	1464	8	1166
3	16	1698	8	1260
4	– 17	1409	8	1360
5	8	1522	8	1469
6	14	1735	8	1587
7	19	2065	8	1714
8	– 13	1796	8	1851
9	– 7	1671	8	1999
10	12	1871	8	2159
11	14	2133	8	2332
12	13	2410	8	2518
13	– 20	1928	8	2720
14	20	2314	8	2937
15	19	2754	8	3172
16	13	3111	8	3426
17	10	3423	8	3700
18	– 20	2738	8	3996
19	14	3121	8	4316
20	19	**3714**	8	**4661**

Die kontinuierlichen acht Prozent Rendite pro Jahr führen nach 20 Jahren in unserem Beispiel zu einem 25 Prozent höheren Endvermögen. Dabei sind die acht Prozent noch sehr vorsichtig gerechnet.

20. Reichtums-Gesetz

Wer zu gierig ist und ständig in vermeintlich aggressivste Fonds investiert, steht am Ende gegenüber dem Anleger, der kontinuierlich auf einen beständigen Fonds setzt, schnell als Verlierer da. Auch wenn aggressive Fonds in einzelnen Jahren verlockende Gewinne versprechen, in schlechten Jahren verschlechtert sich das Ergebnis dramatisch.

21. Kontrollieren Sie das Spar-Ende!

Das Spar-Ende, das kontrollierte Spar-Ende einer geplanten Anlagedauer ist ebenso wichtig wie die Tatsache, dass Sie während der Dauer einer geplanten Anlagezeit stets über Geld verfügen, also niemals alles in einer Summe investieren sollten. Die Kontrolle Ihres Vermögens und der Vermögensentwicklung Ihrer Sparpläne ist umso entscheidender, je weniger Zeit Sie noch zur Verfügung haben. Wenn ein Anleger nur noch fünf Sparjahre zur Verfügung hat, können zwei schlechte Sparjahre zum geplanten Sparplanende die gesamte Vermögensplanung durcheinander bringen.

Die Botschaft lautet daher: Planen Sie deshalb das Ende Ihrer aktiven Sparzeit. Planen Sie das Ende einzelner Sparpläne. Zum besseren Verständnis, wie *Reich ohne Risiko* und das Sparplanende zusammenhängen, im Folgenden eine Tabelle mit den entsprechenden Zahlen. Bei dieser Tabelle wurde ermittelt, wie hoch das effektive Ergebnis eines Sparplans wirklich ist, wenn jeweils die letzten beiden Jahre ein negatives Ergebnis von minus zehn Prozent bringen. Dann, in Tabelle 2, finden Sie die Zinsangaben für den Fall, dass ein Anleger zum Ende eines Sparplans nicht zu gierig ist, lieber auf die letzten Renditepunkte verzichtet und rechtzeitig in risikoärmere Geldprodukte investiert. Beispielsweise aus international anlegenden Aktienfonds oder Aktien nach und nach in international anlegende Rentenfonds wechselt. Noch eine kleine Besonderheit bietet diese Tabelle 2. Der Anleger in unserem Beispiel kann nicht wissen, dass gerade in den beiden letzten Anlagejahren die Börsenkurse um jeweils zehn Prozent einbrechen. Aber er ist bereits vier Jahre vor geplantem Laufzeitende auf weniger schwankungsfreudige Geldanlagen umgestiegen. Unterm Strich bleibt er so der Gewinner!

Tabelle 1: Zins pro Jahr bis auf die letzten beiden Jahre zehn Prozent Verlust in jedem der beiden letzten Jahren: minus zehn Prozent effektiv

Anlagedauer gesamt	Effektiver Zins der gesamten Anlagedauer
3	– 8,1 %
4	– 5,5 %
5	– 3,3 %
6	– 1,5 %
7	– 0,1 %
8	1,1 %
9	2,0 %
10	2,8 %
11	3,4 %
12	4,0 %
13	4,5 %
14	4,9 %
15	5,3 %
16	5,6 %
17	5,9 %
18	6,2 %
19	6,4 %
20	6,6 %
21	6,8 %
22	7,0 %
23	7,1 %
24	7,3 %
25	7,4 %
26	7,5 %
27	7,6 %
28	7,7 %
29	7,8 %
30	7,9 %

Tabelle 2: In den letzten vier Jahren Wechsel in risikoarme Anlage mit sechs Prozent effektiv.
Bis auf die letzten vier Jahre zehn Prozent effektiver Zins.

Anlagedauer gesamt	Effektiver Zins der gesamten Anlagedauer
3	
4	6,0%
5	6,2%
6	6,5%
7	6,8%
8	7,1%
9	7,3%
10	7,6%
11	7,8%
12	7,9%
13	8,1%
14	8,2%
15	8,3%
16	8,5%
17	8,6%
18	8,6%
19	8,7%
20	8,8%
21	8,9%
22	8,9%
23	9,0%
24	9,0%
25	9,1%
26	9,1%
27	9,1%
28	9,2%
29	9,2%
30	9,2%

Beide Tabellen zeigen deutlich, dass ein Anleger in den letzten Jahren kein Risiko eingehen muss/sollte. Die letzten Jahre sind nicht die entscheidenden Jahre. Entscheidend sind die ersten beiden Drittel einer geplanten Anlagezeit.

21. Reichtums-Gesetz

Reich ohne Risiko bedeutet, zum Ende eines geplanten Sparplans die eigene Gier im Griff zu halten. Wer zum Ende eines Sparplans zu gierig nach Gewinn und Reichtum ist, riskiert ebendiesen geplanten Gewinn und Reichtum. Besonders riskant ist diese Gesetzmäßigkeit für alle, die innerhalb weniger Jahre besonders schnell reich werden wollen und dann gleichzeitig jeden Monat bis zum Ende dieser wenigen Jahre das Optimum herausholen wollen. Innerhalb weniger Jahre bis zum letzten Monat alles ausschöpfen zu wollen führt schnell zu hohen Verlusten.

GELDPRODUKTE FÜR GEWINNER

In den vorangegangenen Lektionen ging es um wichtige Geld-strategien. Ab jetzt geht es konkret um das Thema Börse, Aktien und Aktienfonds beziehungsweise Investmentfonds. Die Lektio-nen sind eingeteilt in Teil A (Aktien) und Teil B (Investment-fonds). Wie bereits erwähnt, ist dieses Buch jedoch kein Aktien-, Investmentfonds- oder Börsenbuch. Ich verrate Ihnen lediglich teils verblüffend einfache Mechanismen und Gesetzmäßigkeiten zur erfolgreichen Geldanlage an der Börse.

Teil A: Reich ohne Risiko mit Aktien

22. Geld verdienen mit System

Der häufigste Fehler neuer und auch erfahrener Börsianer ist, dass das »Börsenspiel« um des Spielens willen gespielt wird, nicht um zu gewinnen. Die meisten Anleger machen aus ihren Investitionen in Aktien eine höchst emotionale Angelegen-heit. Da geht es um Recht haben, um subjektive Handlungen, aber nicht um ein System. Und genau das ist es, was zählt. Wer dauerhaft – mit möglichst geringem Risiko – gewinnen will, muss mit System investieren. Jede Börsenhandlung, die auf Ängsten, Hoffnungen, Emotionen oder ähnlichen Beweggrün-den basiert, ist eine potenzielle Verlustquelle. Diese Gefahr der Subjektiviät ist die größte Gefahr für jeden Börsianer.

Das ist eine der wichtigsten Gesetzmäßigkeiten, die Sie ak-zeptieren müssen. Emotionen sind der Grund, weshalb die Mehrzahl der Börsianer unterm Strich verliert. Wenn Sie selbst reich ohne Risiko werden wollen, müssen Sie lernen, diese

Emotionen, diese Gefühlswelt bei Ihren Geldentscheidungen auszuschalten.

»Ein Gramm Gefühl wiegt schwerer als eine Tonne Fakten.« Dieser Satz von John Junor bewahrheitet sich in der Börsenwelt oft zum Beispiel auch dann, wenn Institutionen ihre Fondsmanager auswählen. Insider berichten immer wieder davon, wie statt nach klaren Leistungskriterien Entscheidungen aus dem Bauch getroffen werden.

Machen Sie es besser. Machen Sie es anders! Dämpfen Sie Ihre Emotionen. Konzentrieren Sie sich auf Fakten. Wie sehr Emotionen unsere Entscheidungen in der Gegenwart beeinflussen, zeigt ein Beispiel: Erinnern wir uns einmal an eine getroffene Entscheidung, die wir im Nachhinein bereut haben. Nicht selten sagen wir dann »Mensch, wie konnte ich so handeln. Es war doch klar, dass es nicht funktionieren konnte. Was habe ich mir nur gedacht, als ich so entschied?«. Wenn Menschen ehrlich zu sich selbst sind, dann kommen bei diesen Worten Bilder an richtig teure Entscheidungen auf. Da mal ein Auto gefühlsmäßig als dringendes Bedürfnis, jedoch unterm Strich viel zu teuer eingekauft, dort sich an einem Immobilienprojekt beteiligt, nur weil man gefühlsmäßig der Meinung war, es sei sicher eine gute Sache. Jeder kennt solche Situationen. Unterm Strich kommen schnell fünfstellige Summen zusammen, die man sich hätte sparen können, wenn man auf diese Gefühlsentscheidungen verzichtet hätte.

Zu diesen Situationen und letztlich Fehlentscheidungen kommt es nur, weil im Augenblick der Entscheidung jedes Gramm Gefühl mehr wiegt als eine Tonne Fakten. Das ist alles. Deswegen machen viele Menschen teure Geldfehler. Das merken wir auch daran, dass die Masse der Anleger spannende Aktiengeschichten und vermeintliche Insiderwachstumsstorys liebt. Das wollen die Leute hören und fallen damit reihenweise auf die Nase.

22. Reichtums-Gesetz

Das Börsengeschehen bietet eine nachvollziehbare Realität über viele Jahrzehnte. Nehmen Sie diese Realität ernst. Erfinden Sie nicht das Rad neu, und versuchen Sie auch nicht, schlauer zu sein, als es die Realität zulässt. Verkomplizieren Sie keine Zusammenhänge. Betrachten Sie lieber, was vorgestern und gestern geschah und beurteilen Sie auf Grund dieser Fakten die mögliche, weitere Entwicklung. Kümmern Sie sich um Fakten und sorgen Sie sich um den langfristigen Trend.

23. Das Rendite-Dreieck – Was Sie zu Aktien unbedingt wissen müssen

Schlechte Börsenzeiten verschrecken stets Anleger. Aber auch hier geht es eher um Emotionen denn um Fachwissen. Denn egal, wann ein Aktienanleger mit der Investition in Aktien begonnen hat, und ungeachtet, wann er seinen Vermögensaufbau mit Aktien beendete, über die Jahre kamen dabei bis auf Ausnahmen ansehnliche Renditen heraus. Das Deutsche Aktieninstitut (DAI) hat hierzu einmal ein so genanntes Rendite-Dreieck erstellt. Mit freundlicher Genehmigung des DAI ist dieses Renditedreieck hier abgebildet. Es lohnt sich, einmal in Ruhe die Zahlen zu betrachten.

Beispiel: Wer Ende 1988 in Aktien investierte und diese Aktien zum 31. Dezember 1996 verkauft hat, erzielte eine Jahresrendite von 10,2 Prozent. Bei den Berechnungen ging das DAI von einem Investor aus, der jeweils zum Ende eines Jahres kauft bzw. verkauft und einer mittleren Steuerlast unterliegt.

Mit dem DAX zu mehr Mäusen!

Das DAI-Rendite-Dreieck

http://www.dai.de

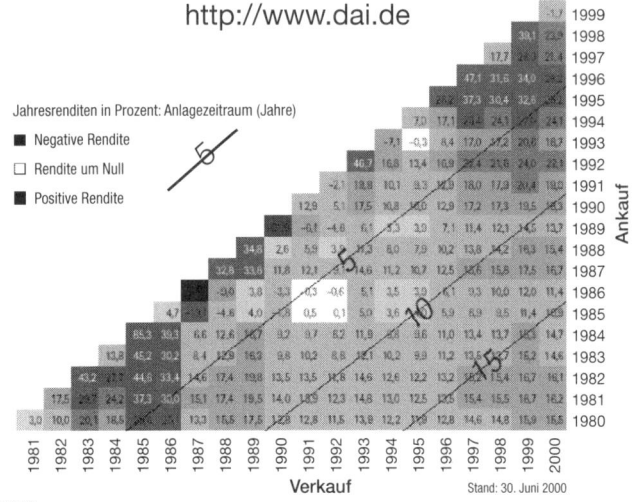

Jahresrenditen in Prozent: Anlagezeitraum (Jahre)

- ■ Negative Rendite
- ☐ Rendite um Null
- ■ Positive Rendite

Verkauf   Stand: 30. Juni 2000

Deutsche Aktieninstitut e.V., Biebergasse 6–10, 60313 Frankfurt a. M., Tel. 069/92915-0, Fax 069/92915-12, dai@dai.de

23. Reichtums-Gesetz

Das Rendite-Dreieck des DAI bestätigt eindrucksvoll, dass Aktien ein geeignetes Geldanlageprodukt für Gewinner sind. Sorgen Sie sich ebenfalls darum, dass Sie einen Großteil Ihres Vermögens in Aktien(fonds) angelegt haben. Als Daumen-Regel gilt: Investieren Sie einen Prozentsatz in Höhe von 100 minus Lebensalter in Aktien(fonds) oder aktiengebundene Produkte. Ist also ein Anleger 35 Jahre alt, so dürfen es ruhig 65 Prozent seines Vermögens sein, die er in Aktien(fonds) investiert. Wer 60 Jahre alt ist, kann nach dieser Regel immer noch 40 Prozent in Aktien(fonds) investieren. Je älter ein Anleger desto wichtiger ist die persönliche Anlageentscheidung. So kann sich ein 65-jähri-

ger wohler fühlen, wenn er 100 Prozent seines Vermögens in international anlegende Rentenfonds anlegt und völlig auf die Geldanlage in Aktien(fonds) verzichtet.

24. Krisen & Katastrophen – Wie groß ist das Risiko bei dramatischen Kurseinbrüchen?

Immer wieder kommt es zu fürchterlichen Ereignissen. Kriege, Krisen, Terrorismus. Viele Anleger fürchten in solchen Zeiten langfristige wirtschaftliche Konsequenzen. Manche Anleger investieren nur deswegen niemals am Aktienmarkt, weil sie Angst vor einer solchen Krise, vor irgendeiner Katastrophe haben. Sie machen also in vielen Fällen einen Bogen um die Geldanlage in Aktien, weil sie fürchten, sie könnten in nur einer schlechten Börsenphase alles verlieren.

Es stimmt, die Weltwirtschaft und die Börsen werden von Krisen, Katastrophen und Terrorismus berührt. Aber betrachten Sie einmal die Entwicklung der Aktienkurse der amerikanischen Börse in Krisen und Katastrophenzeiten der Vergangenheit. Dazu, dass Aktienkurse dramatisch und auf längere Sicht einbrechen, kam es in der Vergangenheit selbst in schlimmsten Zeiten nicht. Im Gegenteil: In den meisten Fällen konnten sich die Aktienkurse binnen zwei bis sechs Monaten wieder erholen. Auch die Notenbanken sorgen in schlechten Börsenzeiten häufig dafür, dass jede Menge Liquidität vorhanden ist, und stützen so die Aktienkurse. Nochmals: Wer in Krisen- und Katastrophenzeiten in Aktien investierte, machte in nahezu allen Krisenzeiten der Vergangenheit in der Zeit danach zweistellige Gewinne (vgl. Tabelle). Worauf Anleger jedoch achten müssen, ist, dass sich nicht eine Krise oder Katastrophe mit einer ohnehin schwachen Weltkonjunktur oder einer ohnehin gegebenen Wirtschaftskrise im Anfangsstadium vermischt.

Im Folgenden nenne ich Ihnen die Zahlen, wie der Dow-Jones-Index, also der amerikanische Börsenindex in der Vergangenheit auf Krisen und Katastrophen reagierte.

Die Kursentwicklung des Dow Jones in Krisen- und Katastrophenzeiten

Krise / Katastrophe	Zeitraum von... bis...	Kursentwicklung innerhalb 24 Stunden nach Eintritt des Ereignisses	So entwickelten sich die Kurse nach		
			22 Tagen	63 Tagen	126 Tagen
Pearl Harbour	6. 12. – 10. 12. 1941	– 6,50 %	3,80 %	– 2,90 %	– 9,60 %
Koreakrieg	23. 6. – 13. 7. 1950	– 12,00 %	9,10 %	15,30 %	19,20 %
Kubakrise	19. 10. – 27. 10. 1962	1,10 %	12,10 %	17,10 %	24,20 %
Ölkrise	18. 10. – 5. 12. 1973	– 17,90 %	9,30 %	10,20 %	7,20 %
Crash 1987	2. 10. – 19. 10. 1987	– 34,20 %	11,50 %	11,40 %	15,00 %
Golfkrieg	24. 12. 1990 – 16. 1. 1991	– 4,30 %	17,00 %	19,80 %	18,70 %
Asienkrise	7. 10. – 27. 10. 1997	– 12,40 %	8,80 %	10,50 %	25,00 %
Durchschnitt		**–12,31 %**	**10,23 %**	**11,63 %**	**14,24 %**

Quelle: Ned Davis Research

24. Reichtums-Gesetz

Besonders in Krisen- und Katastrophenzeiten gilt es, Nerven zu behalten. Die Zahlen der Tabelle zeigen: Zwar brach in allen Krisen der Kurs des Dow Jones – teils erheblich – ein, doch wenig später ging es wieder aufwärts. Zu dauerhaften, volkswirtschaftlichen Schäden kam es also in der Vergangenheit nicht. Oftmals kam es zu Reaktionen der Notenbank, zu Zinssenkungen, Steuersenkungen, so genannten Stützungskäufen und ähnlichen Maßnahmen. Grundsätzlich gilt – bis auf die Ausnahme von Zeiten wirklicher Wirtschaftskrisen und Rezessionen –: Die Finanzmärkte erweisen sich normalerweise als stabil. Selbst kriegerische Attacken, Terrorismus und sonstige Krisen bedeuten in den meisten Fällen lediglich Kursveränderungen wie bei einer schweren Naturkatastrophe. Wer also selbst einmal in Krisenzeiten investiert hat und nicht mehr rechtzeitig aussteigen konnte, sollte auf Grund der Vergangenheitserfahrungen die Nerven behalten. Wer Glück hatte und zum Zeitpunkt einer Krise noch nicht in Aktien investiert hat, sollte solche Zeiten nutzen, um Aktien zu kaufen. Nicht umsonst lautet ein alter Börsenspruch: Kaufen, wenn die Kanonen donnern.

25. Hohe Renditen für Aktien(fonds)sparer trotz Crash

Bitte beantworten Sie jetzt folgende zwei Fragen und lesen Sie in jedem Fall erst weiter, wenn Sie Ihre Lösung zu beiden Fragen notiert haben. Es geht nicht darum, dass Sie genau nachrechnen. Es geht um Ihre persönliche Schätzung. (Beide Fragen unterscheiden sich nur geringfügig. Bei der ersten Frage bitte ich Sie lediglich zu schätzen. Bei der zweiten Frage erhalten Sie eine zusätzliche Angabe und sollen erneut schätzen.)

1 Frage: Ein Anleger investiert in den DAX (Deutscher Aktienindex) am 30. 10. 1996. Welche Rendite erzielte er pro Jahr, wenn er am 19. 10. 2001 bei einem DAX-Stand von 4513 Punkten ausstieg? Gegenüber dem Höchststand am 7. 3. 00 von 8064 Punkten hatte der DAX also erheblich verloren.

Ihre geschätzte Rendite pro Jahr

2. Frage: Ein Anleger investiert in den DAX (Deutscher Aktienindex) am 30. 10. 1996. Stand des DAX zu diesem Zeitpunkt: 2664 Punkte. Welche Rendite erzielte er pro Jahr, wenn er am 19. 10. 2001 bei einem DAX-Stand von 4513 Punkten ausstieg?

Ihre geschätzte Rendite pro Jahr

»Die beste Geldanlage ist die in Aktien!« So oder so ähnlich hörte man kurz vor der Jahrtausendwende Finanzberater, Fondsmanager und Börsengurus in den Medien rufen. Aus Verbrauchern, Sparern und Geldanlegern wurden Aktionäre. Die deutsche Aktienkultur hatte ihren Hype. Wer sein Geld nicht in Aktien anlegte, war out und konnte beim täglichen Smalltalk nicht mitreden.

Alles das ist jetzt vorbei. An den Stammtischen sprach man im Herbst 2001 wieder darüber, wie schlecht doch die deutsche Nationalmannschaft ist, ob Verona Feldbusch tatsächlich geweint hat oder nicht und ob es dem Baby von Steffi Graf und Andre Agassi wirklich gut geht. Das Thema Aktien war out. Wirtschaftsmagazine erlebten einen Umsatzeinbruch bei Auflagen und Anzeigen. Bei den verschiedenen Sendern wurden die Werbepreise drastisch reduziert, die Einschaltquoten gingen zurück. Der Kurs der Telekom-Aktie wurde nur noch beiläufig erwähnt.

Haben denn nun die Experten etwa gelogen? Ist die Geldanlage in Aktien nur etwas für Zocker?

Lassen Sie uns mal etwas weiter zurückschauen. Anhand der folgenden Tabelle kann man nun sehen, was aus den bedeutendsten Aktienindizes in den vergangenen fünf Jahren wurde.

Index		Absolutes Hoch	19. 10. 2001	gesamt	Jährlich durchschnittlich
DAX	2664 (30. 10. 96)	8064 (7. 3. 00)	4513	69 Prozent	11,12 Prozent
MDAX	2814 (27. 11. 97)	5069 (8. 11. 00)	4164	48 Prozent	10,29 Prozent
Dow Jones	5972 (28. 10. 96)	11 723 (14. 1. 00)	9204	54 Prozent	9,04 Prozent
DJ Euro-Stoxx 50	2419 (8. 10. 98)	5464 (6. 3. 00)	3457	43 Prozent	12,64 Prozent
FTSE-100	3900 (7. 11. 96)	9630 (30. 12. 99)	5116	31 Prozent	5,58 Prozent
Nasdaq 100	731 (29. 10. 96)	4704 (27. 3. 00)	1330	82 Prozent	12,72 Prozent

(© Bernd W. Klöckner, www.berndwkloeckner.de)

Ergebnis: Die Aktienexperten haben Recht behalten. Die Entwicklung der Aktienindizes in den vergangenen fünf Jahren hat die aufgestellte These bekräftigt: Wer vor fünf Jahren sein Geld in Aktien anlegte, kann sich nun, trotz des Kursverfalls in den vergangenen 18 Monaten über erhebliche Gewinne freuen, kassiert bei fast allen genannten Beispielen zweistellige Renditen. Reich ohne Risiko ist also kein Traum, der bereits bei der ersten größeren Krise wie eine Seifenblase zerplatzt. Reich ohne Risiko funktioniert auch in Krisenzeiten. Vorausgesetzt, ein Anleger hat nicht nur auf die Experten gehört, die ausschließlich über steigende Kurse sprachen. Eine sichere Anlagestrategie und eine gewisse Zurückhaltung beim Neuen Markt waren allerdings auch Grundvoraussetzungen für diese Renditeergebnisse.

25. Reichtums-Gesetz

Aktien und Aktienfonds bleiben auf längere Sicht erstklassige Anlageinstrumente. Gerade in Krisenzeiten bieten sich hervorragende Kaufgelegenheiten.

26. Kaufen, wenn die Kanonen donnern!

Diese Gesetzmäßigkeit zur Wahl des richtigen Einstiegszeitpunkts wurde bereits häufig und wird immer wieder genannt. Diese Gesetzmäßigkeit steht in vielen Büchern, wird von vielen Moderatoren in Wirtschaftssendungen verwendet und in Beiträgen in Wirtschaftsmagazinen beschrieben. So banal diese Gesetzmäßigkeit klingt, so zutreffend ist sie. Im Folgenden ein Ausschnitt aus dem Kölner *Express*. Am 6. Oktober war ich zu Aufnahmen in Köln unterwegs, sah am Bahnhof vor der Rückreise diesen Titel und nahm diese Ausgabe mit.

BILD / EXPRESS

26. Reichtums-Gesetz

Auf jede Hausse folgt eine Baisse. Auf jede Baisse folgt eine Hausse. Das ist ein ewiges und stets gültiges Börsengesetz. Es ist zudem die einzige Gesetzmäßigkeit, die auf jeden Fall immer eintritt. Die Frage ist nur »Wann?«. Für Sie gilt: Es gibt tatsächlich kaum ein besseres Zeichen, als dass Boulevardblätter Börsenthemen aufgreifen. Wenn Boulevardblätter über Kursstürze an den Börsen oder persönliche, durch die Börse verursachte Schicksale berichteten, war tatsächlich in der Vergangenheit, so auch Anfang Oktober ein günstiger Kaufzeitpunkt gekommen. Vergleichen Sie dazu die folgenden Zahlen:

DAX

Unternehmen	Kurs am 8. Oktober 2001	Kurs am 29. Oktober 2001	Differenz
Allianz	243,50	273,50	12,32 %
Bayer	32,10	33,44	4,17 %
DaimlerChrysler	37,00	41,19	11,32 %
Deutsche Bank	61,40	62,90	2,44 %
Deutsche Telekom	18,10	18,70	3,31 %
Infineon	13,55	17,50	29,15 %
Lufthansa	10,90	12,90	18,35 %
RWE St.	45,90	43,40	– 5,45 %
SAP	125,85	114,45	– 9,06 %
Siemens	44,40	56,00	26,13 %

Nemax 50

Unternehmen	Kurs am 8. Oktober 2001	Kurs am 29. Oktober 2001	Differenz
Aixtron	18,20	21,78	19,67 %
EM-TV	1,46	2,49	70,55 %
Qiagen	17,40	19,90	14,37 %
Singulus	19,60	24,25	23,72 %
Thiel	15,39	20,05	30,28 %

Ergebnis: Wer verschiedene Aktien kaufte, als die Masse der Geld-anleger durch solche Schreckensszenarien wie »Der Gangster-Kommissar« verschreckt wurde, machte innerhalb weniger Wo-chen zum größten Teil ein zweistelliges Plus.

27. Mit Dauerläufern gewinnen

Vorsorge mit Aktien: Setzen Sie auf Marke, Management, Lu-xus und kassieren Sie so hohe zweistellige Renditen, gerade in schlechten Börsenzeiten, die nichts für schwache Nerven sind. So manch ein Anleger hat während Kurseinbrüchen an den Börsen den Glauben daran verloren, dass sich mit Aktien auf Dauer wirklich Geld verdienen lässt. Gäbe es da nicht ganz besondere Firmen, die sich über Jahre als sehr interessante Dau-erläufer erweisen. Als Unternehmen, deren Aktienkurs letzt-lich über alle Baissen und Börsenschwächen hinweg nur eine Richtung zu kennen scheint: die nach oben.

Für meinen Newsletter MEHR GELD habe ich einmal so genannte Dauerläufer des letzten Jahrzehnts aktuell unter die Lupe genommen. Ich nenne Ihnen heute die TOP FIFTEEN dieser Dauerläufer, verrate Ihnen alles über deren Tätigkeiten und sagen Ihnen, welche Gewinne Sie mit diesen TOP FIF-TEEN in den vergangenen zehn Jahren erzielen konnten. Un-ter diesen Dauerläufern finden Sie auch Namen, die Sie bislang garantiert noch nicht gehört haben. Oder sagt Ihnen Bed, Bath & Beyond etwas? Ich meine natürlich außer Bett, Bad und so weiter. Mit großer Wahrscheinlichkeit nein. Das ist insofern schade, weil dieses Unternehmen seit 1993 seinen Aktionären immerhin 34 Prozent pro Jahr bescherte. Das einzige negative Jahresergebnis für die Aktionäre gab es in diesem Zeitraum 1994 mit rund minus 13 Prozent. Die drei Spitzenplätze im Zeitraum 1992 bis 2001 belegten die drei Unternehmen MLP, Paychex und Concord EFS.

Wie Sie der Tabelle entnehmen können, bescherte MLP einem Anleger im Zeitraum 1991 bis 2001 immerhin stolze 60 Prozent pro Jahr, Paychex kam auf 41 Prozent und Concord EFS auf dem dritten Platz lediglich auf »magere« 39 Prozent pro Jahr. Warum ist diese Dauerläuferstrategie so Erfolg versprechend? Die Antwort besteht aus drei Teilen: Marken, Management und Luxus. Jede der in der Tabelle der TOP FIFTEEN genannten Unternehmen ist entweder eine erstklassige Marke, hat ein erstklassiges Management oder ist schlichtweg als Luxusware weitaus weniger krisenanfällig. Im besten Fall treffen auf einen Dauerläufer sogar zwei oder alle drei Kriterien zu. Im besten Fall sorgt also erstens der Markenname für gute Gewinnspannen, zweitens das Management dafür, dass rechtzeitig Trends erkannt und Ideen in die Tat umgesetzt werden oder in Krisenzeiten auch mit harter Hand auf der Grundlage eines klaren Controlling die Unternehmensziele erreicht werden. Drittens handelt es sich um ein Luxusgut, was selbst dann noch gekauft wird, wenn sich die Konsumenten in anderen Bereichen zurückhalten.

Ein Beispiel, wie wertvoll die Beteiligung an einem Luxusunternehmen sein kann, ist die Aktie des bekannten Motorradhersteller Harley Davidson. Wer vor sechzehn Jahren in Harley-Davidson-Aktien investierte, konnte sein Vermögen immerhin versechzehnfachen. Die Rendite pro Jahr betrug umgerechnet knapp 32 Prozent. Wobei sich im Falle Harley Davidson der Luxusvorteil mit dem Markenvorteil sowie der Marktführerschaft kombiniert. Der Anteil am Motorradmarkt liegt weltweit bei 28 Prozent, in den USA knapp 50 Prozent. Damit ist Harley Davidson die Nr. 1 unter den Motorradherstellern und ein erstklassiger Dauerläufer.

Ein anderes Beispiel ist Porsche: Hier war es Wendelin Wiedeking, der nach den Porsche-Krisenjahren 1991 und 1994 das Management und die Führung des Unternehmens übernahm.

Dauerläufer mit zweistelligen Renditen

	Jährliche Kursänderung seit 1991*								
Unternehmen	1992	1993	1994	1995	1996	1997	1998	1999	2000
MLP	48,0	127,2	13,1	21,6	122,1	114,1	109,7	86,3	55,7
Maxim Integrated Products	41,5	62,3	46,3	120,1	12,4	59,6	26,6	116,0	1,3
Psychex	53,2	49,9	16,6	86,2	55,6	48,8	53,4	17,6	83,6
Concord EFS	16,8	−25,0	69,5	153,5	50,4	−12,0	155,5	− 8,9	70,6
Linear Technology	55,9	53,2	28,4	59,3	12,4	31,9	56,0	60,3	29,6
Harley-Davidson	68,3	17,6	27,6	3,4	64,3	16,6	74,6	35,7	24,4
Citigroup	25,6	62,8	− 15,5	98,0	46,4	79,7	− 6,9	70,1	23,6
Porsche	− 14,5	73,9	− 6,2	10,4	82,9	122,0	27,4	41,0	28,1
Hugo Boss	− 21,7	109,9	9,4	31,0	66,5	21,5	41,8	− 12,2	129,1
Tyco International	12,8	14,8	20,8	40,2	52,6	89,7	67,9	3,5	42,6
Bed, Bath & Beyond	−−	86,6	− 13,1	29,5	25,0	58,8	77,4	1,9	28,7
ING Group	28,0	78,9	− 7,4	36,3	50,2	41,0	36,8	18,3	44,2
Beiersdorf	− 14,8	31,1	21,3	0,4	53,3	3,6	48,7	14,5	67,1
BMW	5,5	52,1	11,9	−2,8	48,4	26,7	20,8	21,0	16,3
Alcoa	13,8	− 0,8	27,4	24,5	23,4	11,9	8,1	125,9	− 18,0

*) In Prozent jeweils zum Jahresende. Wiederanlage der Dividenden
(Berechnung des Effektivzinses: FINANZ-INSTITUT Klöckner KG)

Wieder einmal vereinten sich Marke, Management und Luxus mit dem Ergebnis einer Wertsteigerung von 1600 Prozent in zehn Jahren oder umgerechnet 33 Prozent pro Jahr.

Für alle nervenschwachen Anleger, die trotz Streben nach Sicherheit den einen oder anderen Betrag in Aktien investieren wollen, die also reich ohne Risiko werden wollen, sind solche Dauerläufer bestens geeignet. Zwar bieten letztlich auch Dauerläufer naturgemäß keine Gewinngarantie, aber die Zeichen für auch künftig steigende Gewinne stehen gut. Optimal ist: Sie setzen auf solche Dauerläufer, bei denen sich alle drei Gewinnerkriterien, also Marke, Management und Luxus vereinen.

27. Reichtums-Gesetz

Stellen Sie sich ein Depot mit diesen Dauerläufern zusammen. Setzen Sie auf Marke, Management, Luxus und kassieren Sie so hohe zweistellige Renditen.

2001**	seit 1991	eff. Zins/Jahr	Branche	Kurzbeschreibung
– 19,7	10633,2	55,42	Finanzdienstleistungen	führende Position in Europa
– 5,6	3370,3	39,43	Elektrotechnologie	beliebter Halbleiter
– 18,6	3011,7	37,95	Finanzdienstleistungen	wickelt Lohn- und Gehaltsabrechnungen ab
30,6	2488,9	35,49	Elektrotechnologie	beste elektrische Zahlungssystemherstellung
– 6,7	2088,2	33,27	Halbleiterbranche	führend bei linearen Schaltkreisen
31,1	1832,8	31,63	Motorradhersteller	Nr. 1 bei Motorrädern
– 1,6	1635,7	30,22	Finanzdienstleistungen	größte Finanzholding der Welt
18,2	1600,0	29,95	Automobilhersteller	kleiner, selbstständiger Sportwagenhersteller
13,1	1438,0	28,65	Bekleidungsartikel	gut positionierte Bekleidungsfirma
– 6,1	1375,6	28,11	Mischkonzern	in 80 Ländern vetretenes Unternehmen
45,3	1309,2	27,51	Einzelhandel	Expansionsstrategie im Handel
– 15,5	1107,0	25,5	Versicherungen	weltweit achtgrößte Finanzgruppe
20,2	638,8	19,15	Drogerie und Kosmetik	Hersteller der Marken Nivea, Tesa usw.
15,4	544,0	17,36	Automobilhersteller	sportliche und robuste Ausrichtung
18,9	488,0	16,16	Energie/Rohstoffe	größter Aumiuiumhersteller der Welt

**) von 1. 1. 2001 bis 27. 7. 2001   Quelle: Euro am Sonntag / Thompson

28. Wie Sie Börsennews richtig einschätzen und bewerten

Keinem noch so ausgebufften Börsenprofi wird es je gelingen, exakt den Höchststand einer Kursentwicklung zum Verkaufen und den Tiefststand zum Kauf zu nutzen. Und wenn doch, kann das nur Zufall sein. Interessant ist es natürlich, zum börsenpsychologisch günstigen Zeitpunkt an den Börsen einzusteigen. Stellt sich also die Frage: »Wann ist der börsenpsychologisch günstige Zeitpunkt gegeben?« Hier gilt es insgesamt vier Zustände zu unterscheiden:

Zustand 1: Bad news are good news
Ein Anleger beobachtet einen Markt oder eine einzelne Aktie. Die Nachrichten zum Markt bzw. zur Aktie sind nach wie vor schlecht. Von Besserung ist nichts zu sehen. Dennoch scheinen die schlechten Nachrichten keine Auswirkungen zu haben. Diese

Situation findet sich häufig am Ende langer Abwärtstrends. Fazit: Die schlechten Nachrichten sind letztlich bereits gute Nachrichten. Diese schlechten Nachrichten, die keine erkennbaren Auswirkungen mehr haben, signalisieren: »Der Boden ist erreicht. Die Talsohle ist durchschritten.« Jetzt, erst jetzt gilt »Bad news are good news«. Dieser Zustand ist der optimale Zeitpunkt, in Aktien oder Aktienmärkte zu investieren.

Zustand 2: Bad news are bad news
Der Markt, der Kurs einer Aktie ist bereits erheblich gefallen. Nehmen wir als Beispiel die deutschen Börsenindizes im Sommer 2001, insbesondere DAX und NEMAX. Immer wieder neue, schlechte Konjunkturnachrichten, immer wieder neue Gewinnwarnungen einzelner Unternehmen lassen die Kurse sinken, sinken, sinken. Genau das ist die Situation, die mit »GREIFE NIEMALS IN EIN FALLENDES MESSER« gemeint ist. Noch fällt das »Börsenmesser« und schlechte Nachrichten sind Zündstoff für den nächsten Kursrutsch. Wer nun im Vertrauen auf den oft fälschlich zitierten Spruch »Bad news are good news« Aktien kauft, wird aller Voraussicht nach verlieren. In dieser Phase heißt es: Finger weg von Aktien und überhaupt den Aktienmärkten. Tun Sie in dieser Situation einfach nichts.

Zustand 3: Good news are bad news
So wie »Bad news are good news« eine Trendwende wahrscheinlich machen, gilt es im umgekehrten Fall. Wenn trotz guter Nachrichten die Börsenkurse zu sinken beginnen, zumindest stagnieren und es nicht mehr weiter aufwärts geht, ist höchste Vorsicht angebracht. Meistens kommt es zu dieser Situation nach einer langen Aufwärtsbewegung. Gute Beispiele sind die Börsenentwicklung im Dow-Jones-Index und im DAX im frühen Herbst 1998. In diesem Fall gilt: Wenn Sie noch investiert sind, steigen Sie aus. Nehmen Sie Gewinne mit. Pokern Sie nicht auf die letzten Prozentpunkte an möglichem Gewinn. Steigen Sie aus!

Zustand 4: Good news are good news

Die Traumkonstellation. Das Börsenumfeld, das Umfeld zu einer Aktie ist positiv. Es gibt positive Nachrichten, die für weitere Kurssteigerungen sorgen. Es geht sukzessive aufwärts. Immer mehr Anleger interessieren sich für die Börse. Immer mehr Anleger kaufen Aktien, statt in Festgeld anzulegen. Das ist die Phase eines intakten Aufwärtstrends. Jetzt gilt es zu kaufen, ggf. auch in den steigenden Markt nachzukaufen. So lange, bis eines Tages wieder gilt: »Good news are bad news.«

Die Kenntnis dieser vier Zustände ist das Geheimnis dauerhafter Gewinne mit Aktien ohne Risiko. Merken Sie sich:

Nur der Markt macht die News. Niemals machen die News den Markt. Ich wiederhole: Nur der Markt macht die News. Beachtet er die News, sind es welche. Beachtet er sie nicht, sind es eben keine!

Das zeigt auch: Der oft zitierte Spruch »Bad news are good news« wird immer wieder falsch verstanden. Bad news, also schlechte Nachrichten sind nicht per se ein Kaufsignal. Wer hier vorschnell handelt, rutscht schnell auf einem bestehenden Abwärtstrend in die Verlustfalle. »Bad news are good news« ist erst dann ein Kaufargument, wenn sich die Börsenpsychologie in der richtigen Phase befindet. Tipp: Hervorragende Ausführungen zu diesem Thema »Bewertung von News« finden Sie in dem Buch »Neue Trading Dimensionen« von Erich Florek. Dieses Buch ist, um in der Sprache der Börsianer zu sprechen, ein klarer Kauf.

28. Reichtums-Gesetz

Wenn »Bad news are good news« zutrifft, also wenn der Markt trotz schlechter Nachrichten nicht mehr weiter sinkt, dann kaufen Sie. Dann investieren Sie. Verstehen Sie das. Beobachten Sie das Umfeld, berücksichtigen Sie die Börsenpsychologie, und erst dann, wenn negative Nachrichten nicht mehr beachtet werden und sich nicht mehr auf die Kursentwicklung eines Index oder einer Aktie auswirken, dann besteht die große Chance einer Trendwende. Bis dahin gilt: Tun Sie einfach nichts!

29. Kaufen Sie unbeliebte Aktien!

Gewinner setzen auf unbeliebte Aktien. Auf Aktien, zu denen sich Verkaufsmeldungen häufen. Auf Aktien, die niemand haben will. Wer dauerhaft und vor allem ohne Risiko großer Kursverluste an der Börse agieren will, meidet Aktien dann, wenn Analysten und Medien sie im Kurs hochtreiben, und greift dann zu, wenn Analysten und Medien den Kurs runterprügeln. *Die Botschaft lautet also:* Handeln Sie antizyklisch. So einfach das klingt, so schwer fällt es den Leuten, eine Aktie zu kaufen, wenn die Stimmung gegen das Unternehmen spricht.

Betrachten wir ein Beispiel – vorweg: eines von unzähligen weiteren Beispielen – nämlich Philipp Morris. Im Jahr 1999 kennt der Kurs der Aktie nur eine Richtung: die nach unten. Der Kurs sinkt und sinkt. Bis auf unter 20 Euro. Zur gleichen Zeit zahlte das US-Unternehmen eine Dividende von immerhin stolzen zehn Prozent. Dann kamen die Raucherklagen. Die Misere schien kein Ende zu nehmen. Hohe Schadensersatzklagen in dreistelliger Milliardenhöhe zeigen eine düstere Zukunft. Es folgten 1999, 2000 und 2001 viele Urteile, aber keines davon wurde bis September 2001 rechtskräftig. Dennoch stieg die Zahl der Verkaufsempfehlungen, Analysten waren – wie Profis sagen – bearish gestimmt. Immer mehr Investmenthäuser plädierten für »Halten« bzw. »Verkaufen«. Zum Ende dieser negativen Entwicklung zählte die Philipp-Morris-Aktie zu den unbeliebtesten Werten. Selbst die Tatsache, dass Philipp Morris auf vielen anderen Geschäftsfeldern sehr profitabel arbeitete, ging angesichts der Krise im Tabakbereich völlig unter. Eine typische Situation für den Zustand »good news are bad news«. Mehr als die Hälfte der Investmenthäuser riet zum Verkauf. Zu diesem Zeitpunkt waren alle negativen Meldungen im Kurs enthalten. Selbst der so genannte kleine Mann auf der

Straße hatte von Tabakaktien gehört und wie gefährlich die Investition in diese sei. Die meisten urteilten schlecht über die Aussichten der Philipp-Morris-Aktie und vergaßen dabei völlig, dass dieses Unternehmen noch in anderen Bereichen außer Tabak sehr erfolgreich positioniert war.

Zu diesem Zeitpunkt hatte Philipp Morris bereits für denjenigen, der genau hinsah, gute Unternehmensdaten zu bieten, nämlich

- gute Gewinne
- hohe Dividendenzahlung
- geringere Klagegefahr.

Als sich einige Anleger darauf besannen und die Philipp-Morris-Aktie wieder verstärkt kauften, begann die Zeit von »good news are good news«. In der folgenden Zeit stieg der Kurs bis auf über 60 Euro. Bei einem Stand von 61 Euro im April 2001 gab es die meisten Kaufempfehlungen – einmal mehr zu einem Zeitpunkt, an dem die Rallye bereits vorbei war.

Nehmen wir ein anderes Beispiel. Hier verlief die Entwicklung genau umgekehrt. Es handelt sich um das Unternehmen DaimlerChrysler. Als die Fusion zum heißen Thema wurde, boomte die Aktie. Der Kurs stieg und stieg. Verkaufsempfehlungen gab es so gut wie keine. Die Analysten übertrafen sich gegenseitig mit Kaufempfehlungen und positiven Analysen. Jeder wusste vermeintlich um die Vorteile des Zusammenschlusses. Das Ergebnis: Der Kurs halbierte sich. Bis die Zeit kam, an der nahezu alle Analysten wie die Lemminge die negativen Folgen der Fusion beschwörten. Die zu dieser Zeit passende Aktienkurve sieht so aus:

Der Kursverlauf der Philipp-Morris-Aktie

O N D 99 F M A M J J A S O N D 00 F M A M J J A S O N D 01 F M A M J J A S

(Daten / Qelle: www.onvista.de)

Der Kursverlauf der Daimler-Chrysler-Aktie

O N D 99 F M A M J J A S O N D 00 F M A M J J A S O N D 01 F M A M J J A S

(Daten / Qelle: www.onvista.de)

29. Reichtums-Gesetz

Kaufen Sie unbeliebte Aktien! Natürlich nur dann, wenn Sie wie im Fall Philipp Morris trotz der Unbeliebtheit positive Fakten kennen. Kaufen Sie dann, wenn alle anderen trotz eigentlicher guter Fakten die Daumen senken. Aber Achtung: Je kleiner das Unternehmen, desto größer wird das Risiko, das ein Unternehmen die schwierige Zeit nicht übersteht. Meiden Sie daher bei dieser Strategie solche kleinen Unternehmen, mögliche Pleitekandidaten oder solche Unternehmen, die keine richtige Story haben. Konzentrieren Sie sich bei dieser Strategie auf Unternehmen mit Substanz. Also auf solche Unternehmen, die einerseits ein niedriges Kurs-Gewinn-Verhältnis haben, gleichzeitig jedoch eine hohe Dividende zahlen. Allerdings sollten keine Anzeichen erkennbar sein, dass die Dividende in absehbarer Zeit gekürzt wird. Konzentrieren Sie sich auf Unternehmen, deren Fundament in Ordnung ist und bei denen mittelfristig eine positive Entwicklung erwartet werden kann. Also: Kaufen Sie dann, wenn die anderen bei substanzstarken Werten den Daumen senken.

30. Die vier teuersten Worte eines Börsianers

Selten wurden die vier teuersten Worte der Börsianer in den letzten Jahren so häufig gesprochen wie im Fall des Kursrutsches am Neuen Markt 2000 und 2001. Diese vier teuersten Worte lauten: **Tiefer geht es nicht.**

Diese Worte sind mit der größte Irrtum hunderttausender Anleger. Hinter diesen Gedanken und manchmal ausgesprochenen Worten »Tiefer geht es nicht« steckt nichts anderes als Gefühl. Das soll bedeuten: Es kann immer noch tiefer gehen, die Aktienkurse können immer noch tiefer sinken, als erwartet wird. Wie im Übrigen auch die Entwicklung des Neuen Marktes insbesondere im Jahr 2001 zeigte. Völlig an den Fakten vorbei, jeden Gesamtblick vermeidend, gab es Anleger, die bei einem Indexstand am Neuen Markt von rund 1700 Punkten (Nemax 50) nur deswegen einstiegen, weil es ihrer Ansicht nach tiefer nicht mehr gehen konnte. Diese Leute hatten irgendwann, irgendwo einmal gelesen, dass man zum Tiefstkurs kaufen sollte, bildeten sich nun ein, den Tiefstkurs zu kennen, und stiegen ein.

Da gibt es offensichtlich einen Mechanismus, den Sie unbedingt ausschalten müssen, wollen Sie auf Dauer reich ohne Risiko werden. Tiefstkurse sind nicht erreicht, weil Sie der Meinung sind, es könne nicht mehr tiefer gehen. Tiefstkurse sind erreicht, wenn der Markt dies bestimmt. Nicht umsonst lautet eine der ältesten Börsenweisheiten »Greife niemals in ein fallendes Messer«. Warten Sie, bis das Messer gefallen ist. Dann investieren Sie. Die Worte »Tiefer geht es nicht« sind ausschließlich teure Emotion. Teures Gefühl mit in den meisten Fällen hohen Verlusten. Nach der Methode »Ich glaube, wir haben jetzt den Tiefstkurs erreicht« zu handeln ist schlichtweg auch ökonomisch unsinnig.

Beispiel: Michael A. beobachtet im Sommer 2001 die Indizes des Neuen Marktes. Als der Nemax 50 bei 1700 steht, ist er sich sicher: Das sind Tiefstkurse. Das sind Kaufkurse. Michael will dabei sein, wenn es jetzt wieder aufwärts geht. Er will angeben und bei seinen Freunden prahlen können »Ich bin bei Tiefstkursen eingestiegen«. Da er gelernt hat, nicht alles auf einmal zu investieren, legt er lediglich die Hälfte seines frei verfügbaren Vermögens an. Die Kurse sinken weiter. Bei einem Indexstand von 1300 Punkten ist er sicher: Tiefer geht es nicht. Er hat davon gelesen, dass man bei sinkenden Börsenkursen nachkaufen solle, um den Einstiegskurs zu verbilligen. Er investiert die andere Hälfte seines Vermögens. Anfang September sinkt der Index wider (Michaels) Erwarten auf unter 1000 Punkte.

Ein anderer Anleger, Carl S. bleibt selbst bei einem Indexstand von 1700 Punkten im Nemax 50 gelassen. Er wartet und wartet in der Gewissheit, dass der Markt und nicht er den Tiefstkurs bestimmt. Selbst bei einem Indexstand von um die 900 Punkte bleibt er ruhig und investiert nicht. Er ist sich darüber im Klaren, dass er im Fall eines Trendwechsels die ersten zehn, 20 Prozent Kursgewinn möglicherweise verpassen wird. Unterm Strich jedoch macht er so in jedem Fall das bessere Geschäft.

30. Reichtums-Gesetz
Zügeln Sie Ihre Gier. Spielen Sie nicht das »Ich war cleverer als alle anderen«-Spiel. Begreifen Sie, dass Ihre Börsengefühle wie »Tiefer geht es nicht« lediglich teurer Luxus sind. Zügeln Sie Ihre Gier. Üben Sie sich bei fallenden Märkten in Geduld. So lange, bis der Trend offensichtlich gedreht hat. Dreht er nicht offensichtlich, investieren Sie nicht.

31. Die fünf teuersten Worte eines Börsianers

Diese fünf teuersten Worte der Börsianer lauten: **Dieses Mal ist alles anders!** Im Folgenden erkläre ich, wieso diese fünf Worte auf dem Weg zu »Reich ohne Risiko« unendlich teuer werden können.

Hinter diesen Worten steckt der Traum, dass plötzlich neue Wirtschaftsgesetze gelten. Werfen wir einen Blick zurück nach Japan im Jahr 1989, Anfang 1990. Damals hieß es leicht abgewandelt »In Japan ist alles anders«. Ebenfalls fünf Worte, die den Börsianern, die daran glaubten, herbe Verluste brachten. Was sollte damals in Japan anders sein? Es hieß beispielsweise, dass alle japanischen Unternehmen irgendwie untereinander vernetzt wären. Das, so hieß es, hätte zur Folge, dass sich Unternehmen in immer wieder vorkommenden Schwächephasen gegenseitig unterstützen würden. Auf Dauer könnte es so einem japanischen Unternehmen nie wirklich schlecht gehen. Diese und ähnliche Erklärungen wurden herangezogen, um das immer weiter steigende Kurs-Gewinn-Verhältnis zu erklären.

Das Kurs-Gewinn-Verhältnis (KGV)

Das KGV ist seit langem ein Maßstab für den Preis einer Aktie. Ist die Aktie eher zu teuer oder eher günstig? Dieses wichtige Verhältnis wird errechnet, indem der Kurs einer Aktie durch den Gewinn einer Aktie geteilt wird. Beispiele:

Kurs	100	500
Gewinn	*10*	*15*
KGV	*10*	*33*

Bei einem KGV von 33 zahlen Sie mit anderen Worten das 33 fache des zu Grunde liegenden Gewinns als Kaufpreis für die Aktie. Fatal wird es, wenn dieses KGV bei beispielsweise 100 oder noch mehr liegt. Dann bedeutet das analog zu dem eben Gesagten: Sie zahlen das 100 fache oder eben x-fache des zu Grunde liegenden Gewinns je Aktie des Unternehmens. Einfach ausgedrückt: Was würden Sie davon halten (Sie sind angenommen Anwalt und wollten schon immer eine Anwaltskanzlei übernehmen), wenn Sie eine Kanzlei mit einem Gewinn von 100 000 Euro pro Jahr zu einem KGV von 120 zum Kauf angeboten bekommen. Rechnen wir gemeinsam. Ein KGV von 120 bedeutet einen Kaufpreis von 100 000 Euro Gewinn × 120 = 12 Millionen. Üblicherweise würden wir jemanden für nur schwer zurechnungsfähig erklären, der ein solches Geschäft eingeht. Zurück dazu, was diese Ausführungen mit den fünf teuersten Worten eines Börsianers zu tun haben.

Damals, also um 1990 herum, wurden die Leute mit der Begründung »Dieses Mal ist alles anders« weiter heiß gemacht, um weiterhin japanische Aktien und Optionsscheine zu kaufen. Kurze Zeit darauf, also mehr oder weniger zu dem Zeitpunkt, an dem die meisten Anleger voll investiert hatten, begann die japanische Börse zu bröckeln. Sie bröckelte, bröckelte. Mehr als zehn Jahre lang. Wer damals auf zahlreiche Expertenmeinungen vertraute und nach dem Motto »Dieses Mal ist alles anders« das hohe KGV der meisten Aktien übersah, verlor viel, viel Geld in den Folgejahren. Aus »Reich ohne Risiko« (Dieses Mal ist alles anders = Gefahrloser Reichtum ist möglich) wurde ein Millionengrab für die Gelder der Anleger.

Und noch zwei weitere, spannende Beispiele aus der Vergangenheit:

1929 gab es bekanntlich den größten Kurssturz der amerikanischen Börsengeschichte. Jeder investierte und spekulierte, was das Zeug hielt. Ob Chauffeur, Fensterputzer, Kammerdiener, Krankenschwester, Viehzüchter. Zwar war nach wie vor die Börse damals für die Mehrzahl der Menschen eine eher etwas unklare Angelegenheit. Dennoch waren es immer mehr Menschen, die sich von der Faszination Börse anstecken ließen. Man war allgemein der Meinung, man habe die Börse im Griff. Einige allmächtige Syndikate hätten die Börse im Griff und es könne nur noch aufwärts gehen. Das US-Magazin Forbes schrieb vier Monate vor dem größten Crash im Oktober 1929: *»In den letzten fünf Jahren sind wir in eine neue industrielle Ära eingetreten. Unsere Industrie macht Fortschritte nicht in kleinen Sprüngen, sondern in heroischen Schritten.«*

Nehmen wir das Jahr 1998. In einer führenden Zeitschrift wird darüber berichtet, dass die traditionellen Bewertungsmethoden nicht mehr gültig seien. Das Kurs-Gewinn-Verhältnis, früher ein Maßstab zur Bewertung einer Aktie, würde – so stand geschrieben – die neuen Chancen der Konzerne in einer globalisierten Welt nicht mehr widerspiegeln. Kurz danach kam das vorläufige Ende der großen Börsenparty.

Wer nun denkt, dass Menschen aus solchen Fehlern Konsequenzen ziehen, irrt. Insbesondere Börsianer scheinen häufig über ein extrem kurzes Kurzzeitgedächtnis zu verfügen. Langjährige Erfahrungen werden ausgeblendet, sobald wieder mal »Reich ohne Risiko« möglich scheint. Und: Solange Gier, Ignoranz, Angst, Hoffnung und alle weiteren Gefühle das Anleger-verhalten der Masse dominieren, werden sich die gleichen Fehler immer und immer wiederholen.

Nehmen wir den Neuen Markt, die Börse so genannter Wachstumswerte. Erst in den Jahren 1998, 1999 von der breiten Masse wahrgenommen, schoss der Neue-Markt-Index (Nemax) gewaltig in die Höhe. Die Begründung lag auf der Hand: »Dieses Mal ist alles anders.« New Economy war das Zauberwort. Besser ausgedrückt: Die alten Regeln und Gesetzmäßigkeiten waren obsolet. Die Zukunft gehörte der New Economy und den neuen Regeln der Wirtschaft. Dachte man zumindest. Die KGV der am Neuen Markt notierten Aktien schossen in die Höhe. Die Begründung: »Dieses Mal ist alles anders.« Aktien einzelner Unternehmen machten Gewinne von bis zu 10 000 Prozent. Die monotone Begründung: »Dieses Mal ist alles anders.« Wie auch immer: Die alten Wirtschaftsgesetze wurden blumig ausgehebelt. Von New Economy versprachen sich Millionen von Menschen mühelosen Reichtum. Das Ende dieser Hoffnungen war dann der Absturz der Neuen Märkte in den USA und in Deutschland.

31. Reichtums-Gesetz

Wer reich ohne Risiko werden will, sollte kein Geld in Aktien mit hoher Bewertung investieren. Vermeiden Sie solche teuren Aktienkäufe auf Grund einer aktuell aufgeblähten Wachstumsstory. Lesen Sie bei James P. O'Shaughnessy in seinem hervorragenden Buch »Die besten Anlagestrategien aller Zeiten« nach: Wer 1951 10 000 US-Dollar in die 50 Aktien mit dem höchsten KGV an der amerikanischen Börse investierte, besaß – bei jährlicher Anpassung – Ende 1996 ein stolzes Vermögen von rund 560 000 US-Dollar. Das entspricht einem effektiven Zins von immerhin 9,4 Prozent. Wer jedoch ohne große Auswahl im gleichen Zeitraum in den gesamten Markt investiert hat, besaß Ende 1996 immerhin rund 2,68 Millionen US-Dollar und erzielte damit einen effektiven Zins von 13,2 Prozent. Dieses Reichtums-Gesetz, also auf das KGV zu achten, ist deswegen so wichtig, weil sich Fehlentscheidungen wegen eines zu hohen KGV immer und immer wiederholen. In der Hochzeit der Hausse glauben die Leute, dieses Mal sei alles anders. Und genau das ist der Beginn teurer Verluste. Genau da wird die Ursache dafür gelegt, dass der Traum von »Reich ohne Risiko« garantiert (wieder einmal) platzen wird. Als Aktionär werden Sie Unternehmer. Sorgen Sie sich darum, dass Sie nicht zu viel für ein schlecht positioniertes Unternehmen zahlen. Das KGV als Maßstab wird, wie oben gezeigt, seit Jahrzehnten immer wieder mal als altmodisch abgeschrieben. Und doch bleibt es bis heute gültig!

32. Eine einfache Methode der Profis für Reichtum ohne Risiko

Nach der folgenden Methode arbeiteten verschiedene Börsenprofis, unter anderem auch Warren Buffet. Der US-Anleger Warren Buffet, dessen Buch »Vom bleibenden Wert« Sie unbedingt lesen sollten, ist mehrfacher Milliardär und gilt als einer der reichsten Männer der Welt. Bereits als Junge mit elf Jahren tätigte er seine ersten Aktiengeschäfte. Er ist zum Zeitpunkt, da dieses Buch geschrieben wird, Großaktionär bei einigen der bedeutendsten Firmen der Welt, unter anderem: Coca-Cola, Disney, Gilette. Wer Warren Edward Buffet, so der vollständige Name dieses schillernden Börsianers, im Jahr 1956 10 000 US-Dollar gegeben hätte, würde allein bis 1998 Multimillionär mit rund 250 Millionen US-Dollar. Nach Steuern, Kosten und allen möglichen Gebühren, versteht sich! Im Vergleich dazu verzehnfachte sich der Dow Jones Industrie Average, der Index der amerikanischen Börse lediglich. Und zwar vor Steuern! Von 1965 bis 1998 hatte Buffet das ihm anvertraute Vermögen um den Faktor 6000 vergrößert. Der Dow Jones dagegen stieg in der gleichen Zeit lediglich um das Neunfache.

Spannend ist jedoch, dass dieser Mann neben seinen ausgefeilten Methoden der Aktienbewertung auch nach ganz einfachen Kriterien vorgeht. Die folgende Methode, so erzählt man sich, wendet Buffet ebenso an wie beispielsweise auf deutscher Seite Gottfried Heller, der langjährige Partner von André Kostolany. Es ist eine einfache Rechnung. Eine Rechnung, die Ihnen jedoch hilft – insbesondere auch als Einsteiger –, die Marktentwicklung zu beurteilen. Ich möchte Ihnen diese Methode, diese Rechnung anhand eines Beispieles beschreiben:

Als in den USA die Hausse im Jahr 2000 auf die Spitze zulief, lag das Kurs-Gewinn-Verhältnis bei durchschnittlich 32. Dividiert man nun 100 durch 32, erhält man den von Profis so genannten reziproken Wert. Dieser lag damals bei 3. Der Kapitalmarktzins, den Sie selbst jederzeit aus der Zeitung entnehmen können, lag jedoch bei 6,5. Nun gilt folgender Grundsatz:

»Der reziproke Wert des Kurs-Gewinn-Verhältnisses sollte dem Kapitalmarktzins entsprechen.«

Das bedeutet in unserem Beispiel: 100 dividiert durch den Kapitalmarktzins von 6,5 ergibt einen Wert von rund 15. Das wäre zum Zeitpunkt der Spitze der Hausse 2000 die angemessene Bewertung à la Profis wie Buffett und Heller gewesen. Tatsächlich lag jedoch, wie oben genannt, das KGV bei 32 und war damit doppelt so hoch, wie nach der Buffett-Heller-Methode gerechtfertigt.

32. Reichtums-Gesetz

Bevor Sie in einen Markt investieren, prüfen Sie die Angemessenheit des Kurs-Gewinn-Verhältnisses. Selbst wenn Sie emotional der Meinung sind, der Aktienmarkt ist doch stabil und es gibt keine Anzeichen für eine Überbewertung, betrachten Sie diese kleine und einfache Rechnung als eine Ihrer Hausaufga-

ben. Eine der Hausaufgaben, die Sie als Routineaufgabe ansehen sollten, wenn Sie auf Ihrem Weg zu »Reich ohne Risiko« sicher vorwärts kommen wollen.

33. Ein einfaches Bewertungsmodell zur Auswahl von Gewinneraktien auch in schwierigen Zeiten

Neben dem Kurs-Gewinn-Verhältnis gibt es ein weiteres, einfaches Modell für Einsteiger und Fortgeschrittene, um die Perlen unter den Aktien in schlechten Börsenzeiten zu finden. Mit dem folgenden Modell lässt sich die Bewertung einer Aktie grob abschätzen. Zudem erhalten Anleger mit dieser Kennzahl einen Anhaltspunkt zur Plausibilität der Bewertung einer Aktie.

Zu den psychologischen Fallen gehört es, dass viele Anleger sich mit solchen Zahlen und Berechnungen nicht gern auseinander setzen. Die Leute sagen stattdessen »Ich habe ein gutes Gefühl, was soll schon passieren« oder »Traue keiner Zahl, die du nicht selbst gefälscht hast«. Anleger, die so denken und danach handeln, erleiden Schiffbruch.

Ich rate Ihnen: Machen Sie es anders. Rechnen Sie hin und wieder. Tun Sie es. Ich bin der Überzeugung und bekomme es von zahlreichen Lesern und Seminarteilnehmern immer wieder bestätigt: Wenn Sie sich sorgfältig mit Zahlen beschäftigen, wächst Ihr Geldgespür und steigen Ihre Gelderfolge. Wenn Sie nachrechnen oder beispielsweise eine Aktie bewerten, nehmen Sie Ihr Geld ernst. Um reich zu werden, müssen Sie Ihr Geld und Ihren Umgang mit Geld wahrnehmen! Keine Angst dabei! Sie werden gleich feststellen, wie viel Spaß es machen und wie viel Sicherheit es bei Anlageentscheidungen bieten kann, wenn

Sie rechnen statt immer nur zu glauben. Daher nun zu unserem einfachen Bewertungsmodell.

Das Unternehmen A erzielt jährlich einen Gewinn von vier Euro. Es wird angenommen, dass dieser Gewinn künftig stabil bleibt. Gleichzeitig wurde darauf geachtet (das ist sehr wichtig!), dass sich der Gewinn von vier Euro aus den herkömmlichen Geschäften ergibt. Es wurde also beispielsweise keine Beteiligung verkauft, um so die Gewinnsituation zu schönen. Der »faire« Aktienpreis errechnet sich nun – je nach Abzinsfaktor – wie folgt:

4 Euro (Gewinn) dividiert durch 7 Prozent
= 4 Euro dividiert durch 0,07
= 57 Euro
Probe: 57 Euro mal 0,07 = 4 Euro

4 Euro (Gewinn) dividiert durch 8 Prozent
= 4 Euro dividiert durch 0,08
= 50 Euro
Probe: 50 Euro mal 0,08 = 4 Euro

4 Euro (Gewinn) dividiert durch 9 Prozent
= 4 Euro dividiert durch 0,09
= 44 Euro
Probe: 44 Euro mal 0,09 = 4 Euro

Das Endergebnis, also in unserem Fall 57, 50 bzw. 44 Euro ist der Aktienpreis, der gerechtfertigt ist. Dieser »faire« Aktienpreis gilt unter der Annahme, dass der Gewinn nicht mehr wächst. Wäre das der Fall, würde also ein Anleger bei einem Aktienpreis von 50 Euro bei der genannten Dividende von vier Euro eine jährliche Verzinsung von acht Prozent seines eingesetzten Kapitals verdienen.

33. Reichtums-Gesetz

Rechnen Sie! Das Ganze klingt nach Arbeit und nach Mühe. Aber es ist ein Teil Ihrer eigenen Aufgaben, die Sie problemlos lösen können und lösen sollten. Sie werden mit solchen kleinen Berechnungen kein Aktienprofi. Aber darum geht es auch nicht. Sie bekommen jedoch mit solchen einfachen Kennzahlen schnell ein Gefühl für den Preis einer Aktie.

34. Die »Dogs of the Dow«-Strategie

Für die Umsetzung der folgenden Strategie, die ich erstmals in meinem Newsletter MEHR GELD beschrieb, müssen Sie nicht unbedingt Aktienprofi sein und auch nicht mehrere Stunden täglich mit der Analyse von Aktien verbringen.

Die Strategie konzentriert sich auf die Standardwerte aus dem DAX 30, dem Index der 30 größten deutschen Aktienwerte. Ursprünglich wurde diese Aktienstrategie in den USA entwickelt und angewendet. Daher stammt auch der Name »Dogs of the Dow« (sinngemäß: »Die Hunde des Dow Jones«).

So funktioniert die Aktienauswahl

Der DAX 30 wird aus den Kursen der 30 größten deutschen Aktiengesellschaften berechnet. Doch nicht jedes Unternehmen hat gleich gute Chancen auf Kurssteigerungen und Gewinne. Das heißt, als Anleger müssen Sie die besten Werte herausfinden, wenn Sie möglichst hohe Anlageerträge erzielen wollen.

Für die Aktienauswahl gibt es die verschiedensten Möglichkeiten. Hier werden aus dem DAX 30 die fünf aussichtsreichsten Werte anhand einer Kennzahl ausgewählt, die Sie auch selbst leicht ermitteln bzw. aus den Medien beschaffen können.

Die Dividendenrendite

Die Dividendenrendite ist die Kennzahl, nach der bei dieser Strategie die aussichtsreichsten Aktien ausgesucht werden. Wenn Sie eine Aktie kaufen, erwerben Sie damit auch Anspruch auf einen Teil des Unternehmensgewinns. Erzielt ein Unternehmen Gewinne, wird ein Teil dieser Gewinne als Dividende an die Anleger ausgeschüttet. Diesen Auszahlungsbetrag können Sie mit dem Preis, den Sie für Ihre Aktien bezahlen mussten, in ein Verhältnis setzen. So erhalten Sie sozusagen die Verzinsung, die Sie für Ihr Kapital allein aus den Zahlungen des Unternehmens erhalten, ohne dass die Aktie zusätzlich im Kurs steigt.

$$\text{Dividentenrendite} = \frac{\text{Dividende}}{\text{Aktienkurs}} \times 100$$

Zunächst ermitteln Sie die Dividendenrendite der 30 DAX-Werte.

Schritt 1: Aus diesen 30 Werten suchen Sie sich die zehn Werte heraus, die die höchste Dividendenrendite aufweisen.

Schritt 2: Aus diesen zehn Werten wiederum wählen Sie die fünf optisch billigsten Aktien aus, das heißt, die Aktien, die zur Zeit am niedrigsten notiert sind.

Schritt 3: Die ausgewählten fünf Aktien kaufen Sie zu gleichen Teilen. Ein Jahr nach dem Kauf überprüfen Sie erneut den DAX 30 und wählen nach der beschriebenen Methode die fünf Aktien aus, aus denen Ihr Depot bestehen müsste, wenn Sie jetzt nach der beschriebenen Strategie ein Depot aufbauen wollten.

Nach dieser neuen Bewertung schichten Sie das Depot entsprechend um. Das heißt, Aktien, die dann nicht mehr zu den fünf Top-Käufen gehören würden, verkaufen Sie und kaufen stattdessen die Aktien, die neu in die Liste der Top-Fünf hinzugekommen sind.

Aktie	Kurs	Dividende 2002	Dividenden Rendite	Platz
Adidas-Salomon AG O.N.	79,68	1,02	1,280120482	26
Allianz	681,00	11,00	1,615271659	21
BASF	44,87	1,48	3,298417651	5
Bayer	37,61	1,15	3,057697421	7
Bayrische Hypo-Vereinsbank	36,26	0,95	2,619966906	11
Bayrische Motorenwerke	38,11	0,56	1,469430596	25
Commerzbank	19,25	0,58	3,012987013	8
DaimlerChrysler	46,76	1,80	3,849443969	1
Degussa-Huels	32,44	1,12	3,452527744	3
Deutsche Bank	76,75	1,49	1,941368078	19
Deutsche Telekom	17,85	0,62	3,473389356	2
Deutsche Post AG	15,11	0,34	2,250165453	17
MLP	75,73	0,66	0,871517232	27
E.ON	58,65	1,52	2,591645354	14
Epcos	47,85	0,64	1,337513062	24
Fresenius Medical Care	67,78	1,10	1,62289761	20
Henkel KGaA	63,30	1,31	2,069510269	18
Infineon Tech	24,10	0,00	0	30
Linde	47,66	1,33	2,790600084	9
Lufthansa	17,50	0,42	2,4	16
MAN	26,70	0,92	3,445692884	4
Metro	40,40	1,11	2,747524752	10
Münchner Rückversicherung	283,50	1,47	0,518518519	28
Preussag	32,95	0,86	2,610015175	12
RWE	43,55	1,13	2,594718714	13
SAP	167,25	0,78	0,466367713	29
Schering	63,95	0,97	1,516810008	23
Siemens	70,85	1,13	1,594918843	22
ThyssenKrupp	16,28	0,53	3,255528256	6
Volkswagen	51,80	1,26	2,432432432	15

34. Reichtums-Gesetz

Konservative Anleger, die wenig Zeit für die Aktienauswahl aufwenden möchten, können mit der Dogs-of-the-Dow-Strategie besser abschneiden als der Index. Während Anleger, die von 1968 bis 1998 auf den DAX gesetzt haben, eine durchschnittliche Rendite von 9,5 Prozent pro Jahr erzielten, konnte im gleichen Zeitraum mit der beschriebenen Taktik eine durchschnittliche Rendite von fast 14 Prozent erreicht werden.

35. Die Peter-Lynch-Strategie: Mit Zusatzzahlungen in schlechten Börsenzeiten zum Erfolg

Peter Lynch zählt zu den bekanntesten Wall-Street-Größen. Bis zu seinem Rücktritt im Jahr 1990 managte er den riesigen und erfolgreichen Magellan-Fond erfolgreiche 13 Jahre lang. Hätten Sie Lynch bei seinem Amtsantritt 1977 eine Einmalanlage von 1000 US-Dollar anvertraut, wäre Ihr Vermögen in 13 Jahren auf rund 28 000 US-Dollar angewachsen. Der effektive Zins in diesem Fall: knapp 30 Prozent pro Jahr. Lynch betonte immer und immer wieder, dass der regelmäßige Kauf von Aktien wichtig sei. Dann untersuchte er die Entwicklung des amerikanischen Börsenmarktes und kam zu der Variante, die ich Ihnen heute verraten möchte. Lynch analysierte den S&P-Index (den Index der 500 größten Standardwerte in den USA) und kam zu folgendem Ergebnis:

1. Wenn Sie am 31. Januar 1940 einen Betrag von 1000 US-Dollar in den S&P-500 investiert hätten (es handelt sich hier um eine Annahme, 1940 gab es noch keine Indexfonds) hätte Ihr Vermögen 1992 immerhin stolze 333 000 US-Dollar betragen. Der effektive Zins: rund zwölf Prozent im Jahr.

2. Wenn Sie jedes Jahr weitere 1000 US-Dollar angelegt hätten, wären aus den 333000 US-Dollar immerhin 3,5 Millionen US-Dollar geworden.
3. Das Beste jedoch ist: Wenn Sie bei allen Gelegenheiten in diesen 52 Jahren immer dann, wenn der Index um mehr als zehn Prozent gefallen war, weitere 1000 US-Dollar investiert hätten, würde sich Ihr Vermögen auf rund 6,3 Millionen US-Dollar belaufen.

35. Reichtums-Gesetz

Die Botschaft von Lynch lautet: Es ist nicht unbedingt notwendig, dass Sie als Laie, als Börsenamateur versuchen, den Markt der Aktien genauestens zu studieren. Sie müssen keine schlaflosen Nächte wegen Ihrer Investitionen in Aktien haben. Nutzen Sie gerade schlechte Börsenzeiten, um gezielt in einzelne, ausgewählte Aktien zu investieren. Kaufen Sie in schlechten Zeiten nach und lassen Sie sich nicht beirren. An der Börse wechseln sich seit Jahrzehnten Hausse und Baisse ab. Das ist im Übrigen das einzige wirklich sichere und stets gültige Börsengesetz: Jeder Hausse folgt eine Baisse. Jeder Baisse folgt eine Hausse.

36. Der größte Fehler aller Aktienspekulanten

Wer schon einmal im Spielcasino war, hat möglicherweise ein Phänomen beobachtet, das es so an der Börse auch gibt. Es gibt für denjenigen, der genau hinsieht, zwei Typen von Spielern. Die einen setzen meist eher Jetons von hohem Wert und ziehen sich zurück, wenn sie einmal mit einigen Stück auf der Gewinnerseite liegen. Die andere Gruppe setzt meist Jetons von geringem Wert und hofft dennoch auf den großen Gewinn. Das Ergebnis: Die wenigen Spieler, die mit eher hohem Einsatz auf zwei, drei Gewinne warten und dann wieder für eine Zeit lang aussetzen, also die Spieler, die sich im Griff haben, gewinnen (sofern das bei Roulette gegen die Bank auf Dauer überhaupt möglich ist). Die anderen Spieler, die mit oft hochrotem Gesicht mit kleinen Jetons auf Teufel komm raus das große Geld machen wollen, verlieren meistens. Ein ähnliches Phänomen kann man an der Börse beobachten. Von den Leuten, die in Aktien investieren, gibt es die eine Gruppe, die eher größere Beträge nach entsprechender Analyse investiert und die sich nach Gewinnen immer wieder einmal zurückzieht und damit den Grundsatz der Gewinner »*Wer beobachten will, darf nicht investieren*« berücksichtigt. Dann gibt es die Gruppe dieser Leute, die offensichtlich nur ein einziges Ziel haben: möglichst viel Geld in möglichst kurzer Zeit zu machen. Wobei die Angehörigen dieser Gruppe oft mit nur kleinen Summen einsteigen. Und genau das ist der Fehler nahezu aller Börsenspekulanten: der Drang, in möglichst kurzer Zeit möglichst hohe Gewinne kassieren zu wollen. Oft sind gerade diejenigen, die in kürzestmöglicher Zeit, also in wenigen Monaten reich werden wollen, diejenigen, die zuvor über Jahre die Chancen an der Börse verleugnet haben.

Besonders schlimme Auswirkungen hat es, wenn solche kurzfristig orientierten Anleger zu Beginn Erfolg haben. Solche Spekulanten rechnen sich dann reich und glücklich mit den wildesten Überlegungen. Ein guter Freund von mir, der seit Jahren in New York lebt, machte in der Boomzeit des Neuen Marktes einige Male hintereinander Kursgewinne mit einzelnen Engagements von ungefähr 50 Prozent in jeweils zwei Monaten. Ich erinnere mich noch sehr gut an unser Gespräch, in dem er mir freudestrahlend seine künftigen Pläne erzählte. Unter anderem sagte er zu mir:

»Wenn ich alle zwei Monate 50 Prozent Gewinn mache, sind das bei 30 000 Dollar Kapitaleinsatz nach einem Jahr 345 000 Dollar. Nach genau eineinhalb Jahren sind das über eine Million Dollar. Dann bin ich frei.«

Dazu kritzelte er mir damals zum »Beweis« folgende Zahlen aufs Papier

Jahresanfang	30 000 Dollar
Nach 2 Monaten (+50 %)	45 000 Dollar
Nach 4 Monaten (+50 %)	68 000 Dollar
Nach 6 Monaten (+50 %)	102 000 Dollar
Nach 8 Monaten (+50 %)	153 000 Dollar
Nach 10 Monaten (+50 %)	230 000 Dollar
Nach 12 Monaten (+50 %)	345 000 Dollar
Nach 14 Monaten (+50 %)	518 000 Dollar
Nach 16 Monaten (+50 %)	777 000 Dollar
Nach 18 Monaten (+50 %)	1,16 Millionen Dollar

Sie ahnen, was geschah. Für meinen Freund endete es mit einer Katastrophe. Grundsätzlich endet eine solche Vorgehensweise in einer Katastrophe. Das Ganze endet in aller Regel mit einer finanziellen Notlage des Betroffenen. Diese Spekulanten sind auf die Dauer erledigt.

36. Reichtums-Gesetz

Machen wir es besser. Machen Sie es besser. Machen Sie es anders! Wenn Sie spüren, wie die Gier Sie packt, wie Sie die Selbstkontrolle verlieren, wie Sie plötzlich nicht mehr genug bekommen können, stoppen Sie dieses Programm. Stoppen Sie es sofort. Unterbrechen Sie es, wenn Sie spüren, wie Ihnen selbst zehn, 20 oder 30 Prozent nicht mehr genügen. Wenn Sie spüren, dass Sie nicht mehr genug bekommen, können Sie sicher sein: Sie sind auf dem besten Weg, alles zu verlieren. Ihre Reichtumsträume sind Illusion.

37. Das Märchen vom perfekten Timing

Irgendwann im Jahr 1998 hielt ich eines meiner zahlreichen Seminare zum Thema Geld, Aktien, Geldstrategien. In diesem Seminar sprach ich auch davon, dass es kein richtiges, kein perfektes Timing gibt. Dennoch kam einer der Teilnehmer nach dem Seminar auf mich zu und meinte: »Können Sie mir nicht doch sagen, ob es besser ist, jetzt zu investieren, oder ob ich noch ein paar Wochen warten soll? Ich möchte zwar gern in Aktien investieren, aber möglichst kein Risiko eingehen und daher zum besten Zeitpunkt einsteigen.« Dann sah mich dieser Teilnehmer erwartungsvoll an.

Ich wiederholte die Argumente, die ich zum Teil in meinem Vortrag gebracht hatte, und insbesondere verwies ich auch auf die Gesetzmäßigkeit des Cost-Average-Effekts. Sie haben diese Gesetzmäßigkeit und die Zahlen der Praxis in Lektion 15 kennen gelernt. Der Teilnehmer bedankte und verabschiedete sich.

Etwa 14 Monate später trafen wir uns erneut bei einem Kongress, zu dem ich als Gastredner eingeladen war. Freudestrahlend ging ich in der Pause kurz vor meinem Vortrag auf diesen Menschen im Foyer zu und meinte: »Na, haben Sie meinen Rat umgesetzt? Dann müssen Sie ja in den letzten Monaten eine ansehnliche Rendite erzielt haben.« Sie müssen als Leser wissen, dass sich seinerzeit die Kurse in den dazwischen liegenden Monaten wieder erheblich erholt hatten. Erstaunt schaute mich dieser Bursche an und meinte: »Na, was denken Sie denn? Ich habe selbstverständlich nicht investiert. Ich musste doch erst einmal wissen, ob Sie Recht haben. Schließlich hätte Ihr Tipp auch völlig falsch sein können.«

Ich weiß nicht mehr genau, wie und mit welchem Gesicht ich damals reagierte. Doch ich vermute, dass ich nicht allzu begeistert ausgesehen haben muss. Ich erinnere mich, dass ich etwas Nettes sagte und mich dann freundlich verabschiedete. Dies ist nur ein Beispiel für viele Menschen, die seit Jahren auf den vermeintlich richtigen Einstiegszeitpunkt warten.

37. Reichtums-Gesetz
Es gibt keinen perfekten Zeitpunkt für Börseninvestitionen. Börsen bestehen aus einem Auf und Ab. Wer im Auf nie den Mut hat und in der Abwärtsbewegung stets auf die nächste Aufwärtsbewegung wartet, wird niemals systematisch reich. Wer so vorgeht, verpasst eine Chance nach der anderen bis er feststellt, dass es zu spät für die Investition in Aktien ist.

38. Börsengreenhorns und Hausaufgaben für Aktionäre

In diesem Buch komme ich hin und wieder auf den Begriff »Hausaufgaben« zu sprechen. »Hausaufgaben« für Börsianer klingt nach Arbeit. In der Tat ist es Arbeit, an der Börse auf Dauer und mit System reich zu werden. Wie sehr die Masse der Börsianer diesen Grundsatz »Mache deine Hausaufgaben« verletzt, bewies ein Bericht in der Zeitschrift *Finanzen* im September 2001. *Finanzen* schilderte die Ergebnisse einer Studie der US-Organisation SIPC (ein Einlagensicherungsfonds) und der NAIC, einer Vereinigung, der mehrere zehntausend Investmentfonds und über eine halbe Million Börsianer angehören. SIPC befragte insgesamt 1000 Börsianer zum Thema Börse und Aktien.

Die Ergebnisse sind erschreckend. Über 80 Prozent der Befragten waren der Meinung, mögliche Kursverluste würden über bestimmte Institutionen wieder ersetzt. Knapp 80 Prozent der Befragten war unbekannt, wie man beim Kauf einer Aktie ein Limit setzt und somit Verluste begrenzt beziehungsweise

Gewinne sichert. Es gab sogar Anleger, die statt ein Limit zur Gewinnsicherung zu setzen, komplett einen Urlaub absagten, um möglicherweise reagieren zu können. Das Fazit der Studie brachte es dann auf den Punkt: Lediglich rund 15 Prozent der Befragten waren in der Lage, rund 60 Prozent der Fragen zu beantworten. Rund 85 Prozent der Anleger gaben lediglich eine peinliche Vorstellung ab.

38. Reichtums-Gesetz
Nehmen Sie Ihr Geld und Ihre Investitionen an der Börse ernst. Die Botschaft lautet: Erst informieren, dann investieren. An der Börse verdientes Geld ist – wenn Sie auf Dauer gewinnen wollen – der Lohn sorgfältiger Auswahl und Information.

39. Von Börsenbriefen, Analysten, Gurus und solchen, die es sein wollen

Nichts ist gefährlicher, als wenn Anleger ohne eigene Übung, ohne eigene Gedanken am Börsenspiel mitmischen wollen. Es scheint so einfach: Börsenbriefe, Analysten, Gurus und solche, die es sein wollen, empfehlen reihenweise eine Aktie nach der anderen. Die Kaufgründe klingen plausibel, mitmachen will man auch, die Börsenstimmung ist gut, der Nachbar protzt schon mit seinen an der Börse verdienten Tausendern. Schon hängt man drin im Spiel. Mal geht es einige Zeit gut, die Investitionen steigen, das eigene Selbstbewusstsein kennt keine Grenzen. Bis die Blase platzt. Ein anderes Mal platzt die Blase direkt nach dem Einstieg. Und schon sitzen die Anleger in der Verlustfalle. Jammern über die böse Börse und müssen den Hohn der Sparbuchsparer ertragen, die es ohnehin schon immer besser wussten.

Eins ist klar: Niemand, ich wiederhole: NIEMAND weiß, was die Börse morgen macht. Ob die Kurse steigen oder ob sie fallen. Und selbst, wenn es jemanden gäbe, der alle nur denkbaren Einflussfaktoren berücksichtigen und richtig gewichten könnte, selbst dann käme die unberechenbare Psychologie dazu. Wie heißt es so schön: Erstens kommt es anders, und zweitens als man denkt.

Gäbe es nur einen einzigen Menschen, der die Richtung der Börse treffsicher einschätzen könnte, dann würde diese Person sicherlich keinen Börsendienst herausgeben, nicht als unterbezahlter Analyst bei irgendeiner Bank beschäftigt sein. Diese Person würde schlichtweg irgendwo auf den Bahamas leben, jeden Tag das eigene Geld mit zwei, drei Transaktionen vervielfachen und den Rest des Tages genüsslich Pina Coladas trinken.

Die Botschaft lautet: Es gibt diese Person nicht, die Ihnen Ihre Hausaufgaben abnimmt. Auf Ihrem Weg zu »Reich ohne Risiko« sind Sie selbst Ihr größtes Risiko. Entweder Sie machen Ihre Hausaufgaben, sammeln eigene Erfahrungen und verfeinern Ihre Anlagestrategie oder Sie überlassen das ständig anderen Personen und sind auf Dauer erledigt. Nehmen wir uns ein Beispiel an den Analysten. Ich verrate im Folgenden, warum Sie an der Börse niemals einem Analysten vertrauen dürfen. Niemals. Zumindest nicht ohne eigene Gedanken.

Analystenzustand 1: Der einzelne Analyst und die Mehrzahl der Analysten liegen richtig

Diese Situation ist für alle eine glückliche Situation. Der Analyst freut sich, dessen Vorgesetzter ebenso und die Kunden auch. Es ist also der Zustand, den jeder Analyst so häufig erleben will. Um diesen Zustand so häufig wie möglich zu erleben, muss der Analyst wiederum möglichst dicht der Meinung der Masse folgen.

Fazit: Analysten in diesem Zustand bringen Ihnen nichts.

Analystenzustand 2: Der einzelne Analyst liegt richtig, die Mehrzahl der Analysten falsch

Oh-Oh! Dieser Zustand ist auf den ersten Blick viel versprechend, auf den zweiten Blick jedoch für den richtig liegenden Analysten sehr, sehr unangenehm. Wer der Ansicht ist, ein Analyst, der immer wieder als Einziger richtig liegt, müsse sich freuen, irrt. Denn: Vorgesetzte, Kollegen und Kunden werden auf Dauer sehr verstimmt sein, wenn ein Analyst mit seinen Prognosen richtig liegt, die Mehrheit der Analysten jedoch falsch. Es gibt auf Dauer keinen Analysten, der besser sein darf als sein Chef. Verstehen Sie. Er ist vielleicht der Bessere, aber er darf auf Dauer nicht besser sein als die Mehrheit und insbesondere seine Vorgesetzten.

Fazit: Analysten in diesem Zustand bringen Ihnen nichts.

Analystenzustand 3: Der einzelne Analyst liegt falsch und die Mehrzahl der Analysten liegt richtig

Eine wirklich sehr dumme Sache für den ständig falsch liegenden Analysten. Dieser Zustand ist nicht nur schlecht für seine eigene Karriere. Dieser Zustand ist auch sehr schlecht für das Geld der Anleger, die auf diesen Analysten vertrauen.

Fazit: Analysten in diesem Zustand bringen Ihnen nichts.

Analystenzustand 4: Der einzelne Analyst und die Mehrzahl der Analysten liegen falsch

Auch wenn man dies zunächst nicht vermutet, ist diese Konstellation eine sehr willkommene Sache für die meisten Analysten. Denn: Wenn alle Analysten falsch raten beziehungsweise falsche Prognosen liefern, ist einfach der Markt schuld. Für die einzelnen Analysten ist dieser Zustand keineswegs unangenehm. Wenn sich eben alle irren und der Markt schuld ist, wer kann dafür schon etwas.

Fazit: Analysten in diesem Zustand bringen Ihnen nichts.

Eine kleine Geschichte möchte ich Ihnen an dieser Stelle beschreiben. Eine Geschichte, die – obwohl aus dem Comicbereich entnommen – treffender als alles andere beschreibt, was es mit Guruwissen und vermeintlicher Hellseherei der Analysten in vielen Fällen auf sich hat. In diesem bekannten Comic stört ein vermeintlicher Seher die Idylle des gallischen Dorfes und seiner Bewohner. Seine Methoden sind obskur, seine Aussagen unglaublich. Das Wichtigste jedoch sind seine geheimnisvollen Formulierungen, mit denen er die Gallier zu beeindrucken vermochte. Gerade weil er seine Formulierungen so geheimnisvoll formulierte, konnte er in Anspruch nehmen, er habe eingetroffene Ereignisse prophezeit. Das Ganze ist natürlich Humbug. Auf der anderen Seite sorgt der Seher auf diese Weise dafür, dass das Bedürfnis der Gallier nach einer planbaren und damit besseren Zukunft erfüllt wird.

An der Börse ist es nicht anders. Die Leute wollen ihre Vorhersagen. Die Mehrzahl der Anleger beruhigt sich selbst, wenn beispielsweise berichtet wird

»Banker erwarten kräftige Zuwächse für Dax und Nemax«
Handelsblatt 18. 5. 2001

»… Doch es gibt Hoffnung. Die besten Köpfe der Finanzbranche sind überzeugt, dass das Börsenchaos bald ein Ende haben wird.«
Finanzen 05/2001

»Die Staranalystin von Goldman Sachs, Abby Joseph Cohen, sieht im scharfen Preisverfall der Technologieaktien eine Übertreibung. Sie rechnet sich nun gute Chance für eine Erholung der Kurse aus.«
Handelsblatt 6. 3. 2001

»Jetzt voll auf US-Aktien setzen… Eine weiche Landung der Wirtschaft und fallende Zinsen in den USA machen amerikanische Papiere attraktiv…«
Interview mit dem US-Strategen Peter Canelo in
Börse Online 7/2001

Ein weiteres Beispiel, wie sehr die Leute selbst den Voraussagen von Menschen, die in Sachen Geld und ihren Kenntnissen vergleichbar dem Seher in *Asterix* sind, offensichtlich Glauben schenken wollen ist Motivationstrainer Jürgen Höller. In seiner Zeitschrift *Inliner* Nr. 2/2001 im Frühjahr 2001 meinte er:

»... Derzeit haben wir Ebbe erreicht, doch die nächste Flut kommt bestimmt. Clevere Anleger jammern deshalb nicht, sondern investieren gerade JETZT. (Diese Zeilen schreibe ich bei einem NEMAX-Wert von 2300 Punkten. Ich prophezeie ein Plus von 100 Prozent bis Ende Juni!)« Jürgen Höller

Es stellt sich die Frage: Was soll diese Form der Hellseherei? Im Übrigen: Ende Juni stand der NEMAX 50 bei rund 1450 Punkten, der NEMAX All Share bei rund 1500 Punkten. Am 3. August waren es lediglich noch rund 995 Punkte für den NEMAX 50 und rund 1045 Punkte für den NEMAX All Share. Ein Kursverlust bis Anfang August von immerhin knapp 60 Prozent!

»Ja, aber es wird doch auch Analysten irgendeiner Bank geben, die richtig mit ihren Einschätzungen liegen«, denken die Leute. Ich sage Ihnen: Sie werden keine großartigen Abweichungen finden. Und wenn doch einmal einer der Analysten aus dem verordneten Gleichschritt ausscheren will, hat er tatsächlich in der Praxis sehr schnell erhebliche Probleme. So auch Christopher Chandirami im Dezember 2000. Seine Geschichte las ich damals, als ich in Zürich in einem Café saß und den Züricher *Tagesanzeiger* las. Chandirami war zu dieser Zeit – so der *Tagesanzeiger* – immer noch Vollblutanalyst. Leider ohne Job. Er wurde gekündigt.

Der Hintergrund: Chandirami war zwanzig Jahre lang treuer Mitarbeiter der Credit Suisse Group. Dummerweise gab es jedoch enge personelle Verpflichtungen zwischen seinem Arbeitgeber und der SAIRGroup. Das für sich wäre nicht weiter tragisch gewesen, hätte es Chandirami nicht gewagt, die SAIRGroup zu kritisieren. Deren Chef hieß Philippe Bruggisser. Bruggisser war gleichzeitig Mitglied im Verwaltungsrat der Credit Suisse Group. Eine weitere maßgebende Person innerhalb der Credit Suisse Group war zum damaligen Zeitpunkt

Lukas Mühlemann, der – was Chandirami zum Verhängnis wurde – gleichzeitig Mitglied im Aufsichtsrat der SAIRGroup war.

Was genau tat nun Chandirami, das zu seiner eigenen Kündigung führen sollte? Zunächst tat er nichts, außer seinen Job. Zu diesem Job gehörte es, dass er jeden Werktag um 8:30 Uhr in einer Telefonkonferenz rund 2000 Anlageberatern der Credit Suisse Private Banking seine Analyse der Börsenlage darstellte. So auch am 6. Juli des Jahres 2000. In dieser Telefonkonferenz warnte er die Anlageberater vor der schwächelnden SAIRGroup (Analyst liegt richtig, alle anderen liegen – noch – falsch). In seiner Berichterstattung berichtete er von einem drohenden Halbjahresverlust zwischen 500 Millionen und immerhin einer Milliarde Schweizer Franken. Die Reaktion war heftig. Man bezeichnet Chandiramis Analyse und seine Zahlen als Phantasie. Vier Tage später, also am 10. Juli 2000, legte Chandiramis Vorgesetzter, so war im *Tagesanzeiger* zu lesen, ihm seine eigene Kündigung vor. Chandirami unterschrieb.

Wer nun gern wissen möchte, wie es mit den Zahlen der SAIRGroup weiterging, dem sei verraten: Der fürs erste Halbjahr etwas später veröffentlichte Fehlbetrag belief sich auf etwa 707 Millionen Schweizer Franken Verlust, ausgegeben für die Sanierung der deutschen LTU und der französischen Flugtöchter. Fazit: Chandirami war in diesem Spiel ein Bauernopfer. Und seine Geschichte bleibt ein hervorragendes Beispiel dafür, wie unabhängig Analysten wirklich arbeiten können.

39. Reichtums-Gesetz

Das alles bedeutet: Analysten sind gewiss nette Menschen, die mit einem sehr hohen Einsatz und Zeitaufwand versuchen, die künftige Richtung einer Börse zu prognostizieren, die jedoch letztlich immer wieder feststellen müssen, sich mal wieder geirrt zu haben. Setzen Sie also nicht auf die Meinung der Analysten. Setzen Sie auf Ihre eigene Meinung. Sorgen Sie dafür, dass Sie eigene Gedanken haben!

(Besten Dank an dieser Stelle an den FinanzBuch Verlag und Erich Florek, dessen Buch »Neue Trading Dimensionen« jeder gelesen haben sollte, der Börsenprofi werden will. Dieses Buch – ein klarer Kauf für jeden aktieninteressierten Anleger – ist auch die Quelle für die genannten Gedanken.)

Reich werden mit Aktien bedeutet in erster Linie, dass Sie Ihre Hausaufgaben machen müssen. Niemand anderes als Sie ist gefragt, sich eigene Gedanken zum Thema Aktien zu machen. Investieren Sie niemals nur deswegen, weil Analyst A im Fernsehen geäußert hat, Aktie B sei unterbewertet oder der Deutsche Aktienindex würde in den nächsten sechs Monaten um 1000 Punkte steigen. Weil möglicherweise alle Analysten sagen, die Kurse müssen steigen. Die Botschaft lautet: Machen Sie Ihre (!!) Hausaufgaben. Ob Sie Ihre Hausaufgaben gemacht haben, können Sie mit einem einfachen 3-Minuten-Test selbst überprüfen. Diesen von mir »entwickelten« Test verrate ich Ihnen in der nächsten Lektion.

40. Gewinnen mit Aktien: Der 3-Minuten-Test

Dieser Test ist einfach und jederzeit durchführbar. Sie brauchen weder Blatt noch Stift. Sie allein sind gefragt. Warum ist dieser Test so wichtig? Wer reich ohne Risiko werden will, muss auch das Risiko der persönlichen Fehlentscheidungen bei Auswahl von Geldanlagen und Finanzprodukten so weit wie möglich reduzieren. Wer reich ohne Risiko werden will, muss Geldentscheidungen sorgfältig überlegen, bevor er eine Entscheidung trifft und Geld investiert. Nehmen wir als Beispiel die Auswahl von Aktien. Häufig genannte »Kaufargumente« lauten:

»Ein guter Freund ist Leiter der Wertpapierabteilung der XY-Bank. Der hat eine richtig gute Nase ...«

»Der Analyst der XY-Bank hat heute in n-tv gesagt, diese Aktie hätte jede Menge Aufwärtspotenzial...«

»In der Zeitschrift ABC haben sie darüber berichtet, warum der Kurs dieser Aktie steigen muss...«

Und so weiter. Das ist für viele Anleger alles. Das ist die ganze Entscheidungsgrundlage. Und genau das ist grundlegend falsch.

Machen wir es anders. Kümmern Sie sich um Informationen. Nehmen wir an, Sie wollen Aktien irgendeines Unternehmens der Pharmabranche erwerben. Dann gehört es zu Ihren Hausaufgaben, mindestens drei Minuten lang über die Kaufkriterien

- Marktposition
- Wachstumspotenzial
- Management
- Branche

sprechen zu können, selbst Stellung zu beziehen. Alles andere ist mehr Spekulation als Investition in Aktien. Alles andere bedeutet, mehr auf Glück als auf Können zu setzen.

40. Reichtums-Gesetz

Wenn Sie auf Dauer reich ohne Risiko werden wollen, führen Sie diesen 3-Minuten-Test bei allen möglichen Geldentscheidungen durch. Letztlich also nicht nur bei Aktien, sondern auch dann, wenn Sie beispielsweise eine Risikolebensversicherung abschließen, einen Sparvertrag unterzeichnen, ein Haus finanzieren. Geben Sie sich selbst in möglichst vielen Geldentscheidungen eine ausreichende Antwort auf Fragen wie...

...warum die Aktie A und nicht die Aktie B der gleichen Branche?

...warum diese Versicherungsgesellschaft wegen der

...Risikolebensversicherung?

...warum dieses Institut in Sachen Sparvertrag?

...warum diese Bank zur Hausfinanzierung?

Begründen Sie Ihre anstehende Geldentscheidung so ausführlich wie möglich. Sobald Sie den ersten Versuch starten, werden

Sie feststellen, dass drei Minuten als Testzeit für Ihre Begrün-
dung eine sehr, sehr lange Zeit sein können. Für Ihre Investi-
tionen in Aktien gilt: Wenn Sie diesen 3-Minuten-Test bei Ihren
bereits gekauften Aktien oder künftig zu kaufenden Aktien nicht
mit Erfolg bestehen, setzen Sie lieber auf Ihrem Weg »Reich ohne
Risiko« auf Aktienfonds.

Die Botschaft lautet: Führen Sie diesen Test mit Erfolg durch.
Führen Sie ihn nicht nur durch. Das ist etwas grundlegend an-
deres. Nur wenn sie diesen Test im Fall einer anstehenden Geld-
entscheidung oder Investition mit Erfolg durchgeführt haben,
handeln Sie!

41. Von Insidern und Börsenrattenfängern

Jeder hat als Kind die Geschichte vom Rattenfänger gehört,
der mit einer Lockmelodie die Kinder dazu brachte, ihm zu folgen, und der wahrlich nichts Gutes vorhatte. Ähnlich geht es
an der Börse immer wieder zu. Besonders in Boomzeiten werden Bücher wie »Ich mache Sie reich« gekauft. Diesen Titel gab
es wirklich und das Cover zeigte einen dynamischen jungen
Mann, der mit dem Zeigefinger der rechten Hand auf den Be-
trachter zeigt und die linke Hand so zur Faust ballt, dass man
glauben konnte, er wollte einen schlagen.

Tatsächlich wollte der neu gebackene Autor nur eins: möglichst viele Menschen mit seiner verlockenden Botschaft erreichen und damit möglichst viel Geld verdienen. An und für sich
wäre das kein unseriöses Ziel, hätte es nicht einige Umstände
gegeben, die – wie auch die Zeitschrift *Capital* in ihrer Ausgabe
14/2001 berichtete –, stark an der Seriosität dieses Rattenfän-
gers zweifeln ließen. So empfahl er im Rahmen einer Börsenhotline Aktien mit dem Verweis, sie würden demnächst in einer

Zeitschrift oder gar im Fernsehen ebenfalls empfohlen. *Capital* recherchierte sehr genau und berichtete dann folgendes Beispiel:

»Am 18. Mai 2000 verringerte *Der Aktionär* in seinem Musterdepot den Bestand an Morphosys. Es kommt zu einem Kursrutsch. Frick kauft für rund 375 000 Euro Aktien der Biotech-Firma. Am 19. Mai empfiehlt Förtsch die Aktie nach Börsenschluss in der 3SatBörse. Er nimmt den Wert in sein Musterdepot auf. Jetzt ist Frick dran: Am 22. und 23. Mai preist er Morphosys auf seiner Hotline an.«

Hintergrund an dieser Stelle für alle, die zum damaligen Zeitpunkt nicht so sehr an der Börse investiert waren: Bernd Förtsch war damals Herausgeber des Anlegermagazins *Der Aktionär*. Im Jahr 2000 wurde er vor allem bekannt durch zahlreiche Auftritte bei »3SatBörse«. Förtsch war es auch, der Markus Frick für die oben genannten Börsenhotline begeisterte. *Capital* berichtet weiter:

»Im Internet ist ein Chat-Teilnehmer begeistert: ›Die heutigen Themen der Frick-Hotline: Morphosys kaufen! Total unterbewertet, kommen morgen ins spekulative Musterdepot des Aktionärs. Einstiegskurse.‹ Frick scheint an die Unterbewertung nicht zu glauben. Er verkauft die Aktien am 24. und 25. Mai. Sein Gewinn: knapp 60 000 Euro.«

Noch erfolgreicher agierte laut *Capital* das Duo Förtsch & Frick im Fall Team Communications. Hier wurde wieder die Empfehlungskette Förtsch Veröffentlichung – Frick Hotline – Förtsch Empfehlung in *Der Aktionär* erfolgreich durchgeführt. Das Fricksche »Honorar« laut *Capital:* knapp 230 000 Euro. Und im Fall Sparta, so *Capital*, lag der Gewinn bei ähnlicher Empfehlungskette für Frick bei 1,1 Millionen.

Spätestens die Entwicklung am Neuen Markt im Jahr 2000 zeigte, dass Sie bei Reichtumsversprechen sehr, sehr kritisch sein müssen. Auch hier gilt: Vertrauen Sie niemals Gurus oder (selbst ernannten) Börsenpropheten. Viele dieser Typen machen nur deswegen Geld, weil Sie Ihnen Geld wegnehmen. Seien Sie besonders dann kritisch, wenn offensichtliche Empfehlungsketten – wie im Falle Förtsch & Frick geschehen – in Gang gesetzt werden.

41. Reichtums-Gesetz

Auch hier passt mein Lieblingsspruch »Das Geld ist nicht weg, es hat nur ein anderer«. Wenn Sie reich ohne Risiko werden wollen, ist es mit einer Ihrer Aufgaben, Ihr Geld zu beschützen. An irgendeinem Tag der Zukunft werden die Börsen wieder steil nach oben steigen und Börsengurus wie die Pilze aus dem Boden schießen. Glauben Sie den Versprechen solcher Leute nicht. Machen Sie weiter Ihre Hausaufgaben, führen Sie nach wie vor die eine oder andere in diesem Buch beschriebene Rechnung durch. Lassen Sie sich nicht von auch noch so verlockenden Geldmelodien einfangen. Sparen Sie sich das Geld für teure Hotlines, und investieren Sie es in ausgewählte Aktien. Damit kommen Sie auf Ihrem Weg zu »Reich ohne Risiko« in jedem Fall weiter!

42. Reichtum ja – aber nicht um jeden Preis!

Die wichtigste Erkenntnis auf dem Weg zu »Reich ohne Risiko« ist, zu verstehen, dass man nicht zu jedem Preis diesen Reichtum erlangen muss. Wie in diesem Buch immer wieder betont wird, ist die Geldanlage in Aktien und Aktienfonds ein Muss, um dauerhaft reich zu werden.

Aber selbstverständlich gibt es immer mal wieder schlechte Börsenzeiten. Ich meine nicht einen Kursrutsch über eine, zwei Wochen. Ich meine mit schlechten Börsenzeiten in erster Linie solche Zeiten, bei denen die Kurse bereits seit langer Zeit gestiegen, gestiegen, gestiegen sind und nahezu jeder Aktien besitzt oder weitere Aktien kaufen will. Ich meine damit extreme Entwicklungen und Kurssteigerungen an der Börse, die sogar jeder Laie mitbekommt. Ich meine damit also solche Zeiten, in denen die Leute Aktien, Aktienfonds und überhaupt die Geldanlage an der Börse als die beste Anlageform ansehen. Gönnen Sie sich den Luxus, und machen es anders. Handeln Sie antizyklisch. Wenn Sie nämlich gerade in Baissezeiten zweistellige, teils beachtliche Renditen erzielen, brauchen Sie nicht jede Boomphase an der Börse mitzumachen, sondern können sich beruhigt zurücklehnen.

Im Folgenden beschreibe ich das System der typischen Verlierer und mein System für Gewinner an einem einfachen, schematischen Beispiel. Beginnen wir mit dem ewigen Verlierer-System:

Zunächst einmal die Bedeutung der Buchstaben in den einzelnen Phasen: **A = Aktion, R = Ruhe.**

Das Ewige-Verlierer-System

© Bernd W. Klöckner

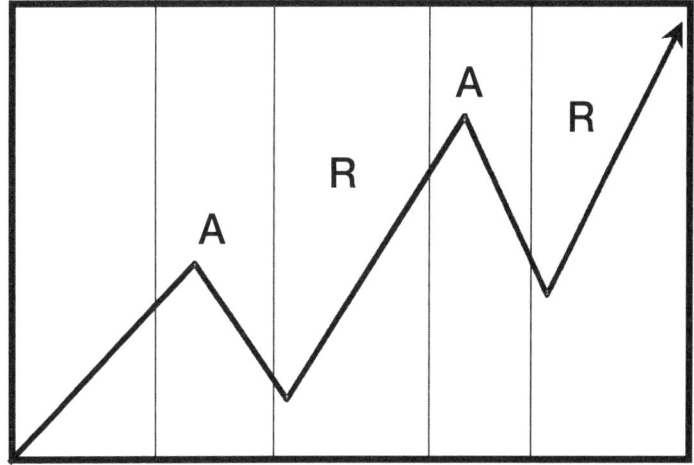

Das bedeutet: Der ewige Verlierer agiert, investiert, wenn alle von Aktien(fonds) schwärmen, wenn jeder von Aktien (fonds) spricht. Ich meine damit nicht unbedingt die Spitze einer Aufwärtsbewegung. Niemand wird je in der Lage sein, solche Spitzen festzustellen. Ich meine schon die Zeit davor. Das kann ruhig ein Jahr vor einem größeren Crash sein. Das ist schon deswegen besonders gefährlich, weil der ewige Verlierer dann in eine Boomzeit hinein investiert. Er wird also von Monat zu Monat, von Gewinn zu Gewinn mutiger. Er wird dann am meisten investiert haben, wenn eine lang anhaltende Aufwärtsbewegung zu Ende ist. Dann kommt unweigerlich der Gipfel einer ausgeprägten Aufwärtsbewegung. Jetzt sinken die Kurse, der Anleger hält in guter Hoffnung auf irgendwann wieder steigende Kurse seine Aktien. Er hofft, hofft und hofft, bis er dann am Ende der Abwärtsbewegung verkauft.

Ganz anders verhält sich ein Gewinner:

Das Gewinner-System

© Bernd W. Klöckner

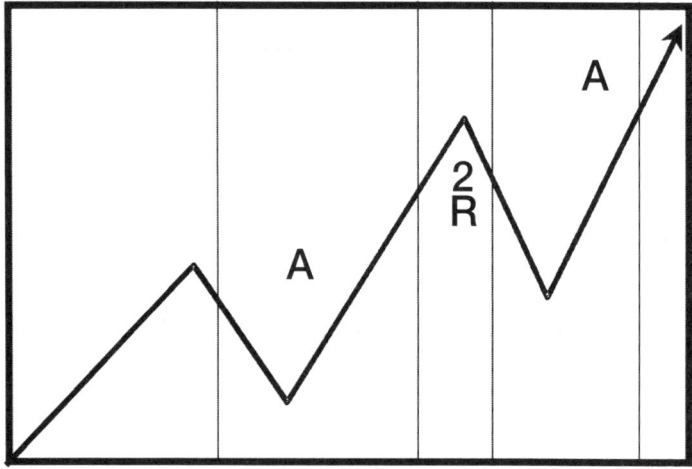

A = Aktion = Aktien(fonds)
R = Ruhe = internationale Renten(fonds)

Das bedeutet: Gewinnertypen investieren in Aktien, wenn kaum jemand begeistert ist von der Geldanlage in Aktien oder Aktienfonds. Gewinnertypen machen Kasse, kommen zur Ruhe, verkaufen Aktien und sorgen für Liquidität, wenn alle anderen in Aktien investieren.

42. Reichtums-Gesetz

Kluge Geldentscheidungen brauchen Ruhe. Das gilt weniger für Investitionen in Aktienfonds als für direkte Investitionen in Aktien. Die Botschaft lautet: Kommen Sie zwischendurch immer mal wieder zur Ruhe. Beobachten Sie den Markt. Merken Sie sich den Satz: Wer beobachten will, darf nicht investieren. Dabei gilt natürlich: Wenn Sie einmal investiert haben, können und sollten Sie den Markt auch weiter beobachten.

43. Hüten Sie sich vor selektiver Wahrnehmung!

Wer reich ohne Risiko werden will, muss lernen, Verluste zu begrenzen. So weit, so gut. Um Verluste zu begrenzen, muss ein Anleger, will er seine Chance auf Dauer verbessern, möglichst viele Informationen aufnehmen und verarbeiten. Jetzt kommt es in vielen Fällen zu einer Art selbst gestellter Informationsfalle, zu einem recht eigenartigen Phänomen. Denn viele Anleger, die einmal in Aktien eines ausgewählten Unternehmens investiert haben, blenden jede Form von möglichen schlechten Nachrichten zu diesem Unternehmen schlichtweg aus.

Dieses Phänomen trifft auf Hobbybörsianer, Profispekulanten wie auch Analysten gleichermaßen zu. Wir filtern Informationen. Passt uns eine Information in unseren »Kram«, dann beachten wir sie. Passt sie uns nicht in den »Kram«, missachten wir sie. Ob uns eine Information in den Kram passt oder nicht, hängt dabei von unserer bisherigen Haltung ab. Ein Banker, der seinen Kunden seit Wochen Aktien der ABC-Bank empfiehlt und selbst Aktien dieses Unternehmens gekauft hat, dem passen negative Nachrichten zum Unternehmen nun mal nicht in den Kram. Seit Wochen hat er sich sozusagen stillschweigend mit der ABC-Bank identifiziert. Er wird nun erfahrungsgemäß nach jedem noch so kleinen Strohhalm suchen, um seine über Wochen ausgesprochene Kaufempfehlung zu rechtfertigen. Und er wird jede mögliche Information möglichst positiv interpretieren.

Dieses Phänomen der selektiven Wahrnehmung, des Schönredens finden Sie im Alltag beim Thema Autokauf wieder. Wer seinen Freunden seit Wochen von dem neuen BMW vorschwärmt, den er sich kaufen wird, wer diesen BMW und seine Vorzüge stets aufs Neue preist, wird selbst bei plötzlich aufkommenden schlechten Testberichten in diesen lieber die Spalte mit den Stärken lesen und wahrnehmen als die mit den Schwächen.

Ein weiteres Beispiel, dieses Mal aus dem Geldbereich. Immer wieder kommen Anlagebetrüger mit dem Thema Bankgarantie. Es handelt sich um den so genannten Bankgarantiehandel, der, nach Angaben der unseriösen Vermittler, monatliche Renditen von teils genannten zwei bis 20 Prozent garantieren soll. Also völlig utopische Jahresrenditen zwischen 24 und 240 Prozent. Ich selbst lernte in den letzten Jahren rund ein Dutzend Anleger kennen, die auf diesen Bankgarantiehandel hereingefallen waren. Was ich nicht für möglich hielt: Obwohl ich diese Leute ausführlich über die Hintergründe und die tatsächlichen Machenschaften im Bereich Bankgarantiehandel informierte, wollten es neun Personen im ersten Gespräch nicht wahrnehmen. Diese Leute hörten die Information und waren clever genug, sie zu verstehen, wollten sie aber nicht wahrnehmen.

43. Reichtums-Gesetz

Wenn Sie dauerhaft an der Börse gewinnen wollen, müssen Sie lernen, Informationen ohne Emotionen, ohne Filter wahrzunehmen. Selektieren Sie keine Information. Verarbeiten Sie Information. Das ist eine wichtige Gesetzmäßigkeit auf dem Weg zu Reichtum ohne Risiko. Diese Gesetzmäßigkeit gilt im Übrigen für alle Geldgeschäfte. Reich ohne Risiko bedeutet: Nehmen Sie alle vorhandenen Informationen zu einer angebotenen Geldanlage wahr. Wenn Sie spüren, dass Sie beginnen, (negative oder Ihre bisherige Meinung störende) Informationen abzulehnen, tun Sie erst einmal nichts. Ihre wichtigste Aufgabe in diesem Fall ist es: Zwingen Sie sich dazu, alle Informationen wahrzunehmen. Dann entscheiden Sie.

Exkurs: Behavorial Finance

Behavorial Finance, diese beiden Worte bezeichnen ein verhältnismäßig junges Wissenschaftsgebiet, bei dem sich Experten mit den Emotionen und dem Menschen als Mittelpunkt der Finanzmärkte auseinander setzen. Das Schlüsselwerk und vielleicht auch das beste Buch zu diesem Spezialthema ist meines Erachtens das Buch »Behavorial Finance«, geschrieben von den Autoren Joachim Goldberg und Rüdiger von Nitzsch. Das Buch, erschienen im FinanzBuch Verlag, ist meines Erachtens ein guter Kauf!

44. Wer sich nicht (mehr) ärgert, verliert!

Noch einmal geht es im Folgenden um das Thema Verlust und Verlustbegrenzung. Und in diesem Zusammenhang um die wichtige Fähigkeit, sich gleich bleibend ärgern zu können. Ein Beispiel: Als ich vor vielen Jahren Optionsscheine der japanischen Firma Sumitomo Metal bei 65 Mark kaufte, taten mir die ersten Verluste im Kurs weh. Als jedoch später der Kurs von, sagen wir, 20 Mark auf 15 Mark sank, spürte ich schon keine Schmerzen mehr. Ich hatte mich an den Verlust gewöhnt, genug am Anfang des Kursrutsches geärgert und schaute jetzt gewissermaßen baisseresistent dem weiteren Verfall des Kurses zu.

Wenn Sie das übertragen, bedeutet es: Sie freuen sich über den ersten Euro Gewinn mehr und ärgern sich über den ersten Euro Verlust mehr, als Sie sich über den zweiten, dritten, vierten usw. Euro Gewinn oder Verlust freuen oder ärgern. Der typische Satz, wenn Sie verlust- oder baisseresistent geworden sind, lautet: »Darauf kommt es jetzt nicht mehr an.«

Dieser Zustand ist für Ihren Weg zu Reichtum ohne Risiko ein gefährlicher Zustand. Wenn Sie also beispielsweise in Aktien investieren und der Kurs der von Ihnen gekauften Aktien sinkt, sinkt und sinkt, dann ist Ihr zunehmender Ruhezustand kein gutes Zeichen, sondern ein sehr schlechtes Signal. Wenn überhaupt noch sinnvoll, müssen Sie reagieren. Noch einmal ein weiterer Hintergrund zu diesem Phänomen, das letztlich auch die Höhe Ihrer Börsengewinne betrifft. Die beiden wichtigsten Motivationsfaktoren aller Menschen sind:
1. Lust und Freude verschaffen
2. Schmerzen vermeiden.

Wenn wir uns nun über die ersten Gewinne am meisten freuen und über die ersten Verluste am stärksten ärgern bedeutet das: Die nach den ersten Gewinnen möglichen, folgenden weiteren Gewinne nehmen wir nicht mehr mit einem solchen Lustgefühl wahr. Die nach ersten Verlusten folgenden weiteren Verluste schmerzen uns nicht mehr so sehr. Da wir jedoch den Kick des ersten Gewinns möglichst oft erleben wollen, verkaufen die Leute in der Regel zu früh und investieren wieder in andere Aktien.

Machen wir es künftig anders. Machen Sie es künftig anders. Lassen Sie Gewinne laufen. Umgekehrt gilt: Da wir den großen Schmerz anfänglicher Verluste möglichst selten erleben wollen, bleiben wir lieber investiert, da die folgenden Verluste nur noch als kleiner und abnehmender Schmerz empfunden werden. Das ist also mit eine der wichtigen Erklärungen, wieso wir Verluste laufen lassen.

44. Reichtums-Gesetz

Achten Sie auf Ihre Emotionen. Achten Sie auf Gewinn und Freude, Verlust und Schmerzen. Sie müssen sich immer im Klaren sein, dass Sie, auch wenn ständig anwachsenden Gewinne zwar zunehmend weniger Lust und Freude bereiten, Sie gerade dann jedoch engagiert bleiben sollten. Sie müssen sich darüber im Klaren sein, dass abnehmende Verlustschmerzen kein gutes, sondern ein schlechtes Zeichen sind. Ein Zeichen dafür, dass Sie Verluste bereits viel zu lange laufen lassen. So eigenartig es klingt: Wer sich bei den Gewinnen einer Position, einer gekauften Aktienposition nicht mehr freut, ist trotzdem auf der Gewinnerseite. Wer sich dagegen nicht mehr ärgert, ist im schlimmsten Fall dabei, alles zu verlieren.

45. Warum Börsengourmets so selten sind, aber dauerhaft gewinnen

Was ist der Unterschied zwischen einem Börsengourmand und einem Börsengourmet? Ein Gourmand verschlingt das Essen, das ihm serviert wird, möglichst schnell. Vorspeise, Suppe, Hauptgang – und während des Hauptgangs stellt sich bereits das Sättigungsgefühl ein. Der Gourmand kostet also das Menü nicht bis zum Ende, er bricht es vielmehr irgendwann ab.

Der Gourmet dagegen lässt sich genüsslich Gang für Gang auf der Zunge zergehen und steigert sein Wohlbefinden bis zum Ende des Menüs inklusive dem dann folgenden Digestif.

Das ist der Unterschied zwischen Börsengourmet und Börsengourmand. Während der Börsengourmand jede Gewinnphase genüsslich ausreizt und eine Gewinnphase nach der anderen mitnimmt, bricht der Börsengourmot meist spätestens während der Hauptmahlzeit ab. Anders ausgedrückt: Börsengourmets lassen Gewinne laufen, Börsengourmands brechen während der Gewinnphase irgendwann ab.

Die Botschaft lautet: Werden Sie ein Börsengourmet. Verstehen Sie das. Lassen Sie Gewinne laufen, begrenzen Sie Verluste. Das ist das Grundgesetz der Börsenstrategie »Reich ohne Risiko«.

Warum ist das Ganze so schwierig? Warum ist es so schwierig, Gewinn laufen zu lassen und Verluste zu begrenzen? Es ist die Psychologie, die den Leuten einen Streich spielt. Typisch ist folgende Situation: Wir investieren in eine Aktie. Der Kurs der Aktie steigt, steigt, steigt. Zu Beginn bleiben wir noch gelassen, irgendwann jedoch, wenn der Kurs immer weitersteigt, können wir uns schlichtweg nicht mehr vorstellen, dass der Kurs noch weitersteigen könnte. Unsere Gedanken spielen uns einfach einen Streich, und schon verkaufen wir. Um 1989, ich war damals Student der Betriebswirtschaftslehre, spekulierte ich heftigst mit japanischen Optionsscheinen. Einer meiner Favoriten: Kansai Paint. Ich hatte den Optionsschein bei einem Kurs von 500 Mark gekauft. Natürlich nicht einen Schein. Im Gegenteil: Ich setzte nahezu mein gesamtes Vermögen auf diese Karte. Der Kurs stieg, stieg und stieg. Bei ungefähr 3500 Mark je Schein stieg ich aus. Und warum. Ich glaubte zu wissen, dass der Kurs jetzt nicht mehr weitersteigen könne. Es gab keine Anhaltspunkte für diese Vermutung. Ich hatte mich in keinster Weise um Information gekümmert. Ich war schlichtweg lediglich der Meinung, mehr könne der Optionsschein von Kansai Paint nicht steigen. Ich verkaufte und war stolz auf meinen erheblichen Gewinn.

Dann begann das Börsendrama. Der Schein fiel natürlich nicht im Kurs. Im Gegenteil, er stieg und stieg. Bis auf rund 35 000

Mark. Unglaublich, nicht wahr. Ich hatte soeben einen sechsstelligen Gewinn nur deswegen verspielt, weil ich der irrigen Ansicht gewesen war, der Kurs könne nicht mehr weitersteigen.

Gewinnregel Nr. 1: Aktienkurse hören nicht deswegen auf zu steigen, weil Sie denken, sie könnten nicht mehr steigen. Verkaufen Sie niemals eine Aktie nur deswegen, weil Sie meinen, der Kurs könne nur noch sinken! Let the profit run! Lassen Sie die Gewinne laufen!

Manchmal jedoch sinkt ein Aktienkurs wieder leicht, nachdem er einen vermeintlichen Höchstkurs erreicht hat. Die Zittrigen schauen nur wenige Tage zu, dann ärgern sie sich darüber, nicht zum Höchstkurs verkauft zu haben (sie bilden sich ein, es eigentlich doch gewusst zu haben), und verkaufen. Dahinter steckt die Angst, einmal erzielte Gewinne wieder zu verlieren. Börsianer werden getrieben von zwei Emotionen: Von der Lust am Gewinn und vom Schmerz bei Verlust. Lust und Schmerz, das ist es, was die meisten Leute zum Handeln veranlasst. In unserem Fall ist es nun so, dass die Lust auf weitere Kursgewinne geringer ist als der erwartete Schmerz bei weiteren Kursrückgängen. Fazit: Wir verkaufen.

Gewinnregel Nr. 2: Orientieren Sie sich niemals an gestern oder vorgestern erzielten Höchstkursen, um dann aus der puren Angst heraus, es könnte jetzt nur noch weiter nach unten gehen, zu verkaufen. Wenn der Trend intakt ist, bleiben Sie investiert.

Was aber ist, wenn nun ein Kursziel erreicht wurde, das tatsächlich nach Beobachtung, Erfahrung und Wahrscheinlichkeit einem möglichen Höchststand oder zumindest Hochstand entspricht? In diesem Fall kommt es normalerweise zu zwei Reaktionen. Erstens: Wir realisieren unseren Gewinn zum großen Teil oder vollständig. Das wiederum führt dazu, dass die Regel »Gewinne laufen lassen« nur zu einem kleinen Teil oder überhaupt nicht eingehalten wird. Oder aber wir erhöhen unser Kursziel, bei dem wir verkaufen wollten.

Angenommen, wir haben den Verkauf bei 85 Euro geplant, der Aktienkurs stieg auf 86 Euro. Statt zumindest einen Teil zu verkaufen, bleiben wir nun voll investiert und verschieben unser Kursziel nach oben. Verschieben wir dieses Kursziel zwei- oder dreimal, werden wir schnell gedankenlos euphorisch. Jetzt greift die Gier, und schon wieder sitzen wir in der Falle.

45. Reichtums-Gesetz

Reich ohne Risiko werden bedeutet: Werden Sie ein Börsengourmet. Die Formel für dauerhaften Börsenerfolg lautet: Gewinne (zumindest immer teilweise) laufen lassen, Verluste begrenzen. Das ist alles. Um das zu erreichen, dürfen Sie nicht auf das vermeintlich Unerwartete, Unvernünftige oder Unwahrscheinliche setzen (»Es ist unwahrscheinlich, dass der Kurs wieder hochgehen wird«, und ähnliche Gedanken). Gleichgültig, wie groß Ihre Überzeugung auch ist, ein Kurs müsse jetzt weiter sinken und könne überhaupt nicht mehr weitersteigen, handeln Sie nicht aus dieser Überzeugung. Ihre Aufgabe lautet: Nehmen Sie Wahrscheinlichkeiten vorweg! Das ist alles. Kombinieren Sie Beobachtung, Erfahrung, Marktsituation, und nehmen Sie Wahrscheinlichkeiten vorweg. Das ist Ihre Aufgabe, wenn Sie reich ohne Risiko werden wollen.

46. Was Gewinner über Charts wissen müssen

Charttechnik, das bedeutet: Irgendwelche Menschen, die dafür lange oder manchmal überhaupt nicht ausgebildet wurden, verbinden die Kurse einer Aktie über einige Zeit, kreieren so eine Kurve und nennen das ganze »Chart«. Das Ganze machen diese cleveren Leute natürlich nur, um ohne Risiko reich zu werden. Denn: Diese Leute behaupten dann, man könne die bis heute ermittelte Kurve (den Chart) in die Zukunft fortschreiben. Damit ist klar:

1. Wer an der Börse reich ohne Risiko werden will, muss die Charttechnik beherrschen.
2. Wer die Charttechnik beherrscht und anwendet, muss (er – oder sie – liegt ja stets richtig) reich sein.
3. Wer richtig reich ist, muss nicht mehr arbeiten.
4. Die meisten Charttechniker arbeiten noch, müssen also (noch) arm sein.

Die Frage bleibt also: Warum gibt es arme Charttechniker, wenn die Anwendung der Charttechnik reich macht? Tatsache ist: Kein Analyst kann mithilfe der Charttechnik vorhersagen, wann welcher Kurs für eine Aktie erreicht wird. Das Ganze ist dann besonders schlimm, wenn vermeintlich versierte, technische Analysten in so mancher Zeitschrift, in so mancher TV-Sendung halbseidenes Wissen von sich geben. Wenn ganze Zusammenhänge außer Acht gelassen werden und es schlichtweg zu Fehlurteilen kommt.

Das Verhalten so mancher technischer Analysten ist vergleichbar mit einem Co-Piloten, der beim Landeanflug hysterisch zur Bodenstation ruft: »Wir sinken, Mayday, wir sinken.« Als die Maschine landet, wird er von seinem Vorgesetzten zur Rede gestellt, warum er den Notruf gesendet habe. Der Co-Pilot antwortet: »Der Chart auf dem Display zeigte einen starken Abwärtstrend. Dieser Abwärtstrend ließ mich hohe Verluste befürchten. Daher sandte ich den Notruf.« »Ja aber, Mann! Warum haben Sie nicht mal die anderen Umstände betrachtet. Dann hätten Sie festgestellt, dass der Flughafen in der Nähe war und Sie sich im Landeanflug befanden.« Der Co-Pilot entgegnet: »Das alles zählt nicht. Für mich als Fluganalysten zählte nur die fallende Tendenz. Und die bedeutete nichts Gutes.«

Verstehen Sie das! Ebenso wie dieser Co-Pilot die Gesamtumstände nicht beachtet (Landeanflug, Flughafen in Sicht), missachtet auch so mancher (selbst ernannte) Analyst oder »Möchtegernchartist« das aktuelle Gesamtumfeld. Streng genommen, ist bei so manchem selbst der Begriff »Analyst« die falsche Bezeichnung. Denn etwas analysieren bedeutet, mit sorgfältiger

Arbeit viele verschiedene Umstände einer Gesamtsituation zu beobachten. Es bedeutet, sich Arbeit zu machen. Anmerken möchte ich an dieser Stelle: Es gibt sicherlich auch solche Analysten, die viel Mühe und Arbeit in ihre Auswertungen investieren. Diese mühevolle (wirkliche) Analyse, kombiniert mit Intuition, Erfahrung und einfach einem bestimmten Gespür für sich aus Charts ergebenden Kurstrends ist dann wirklich eine Chartanalyse.

Auf alles andere sollten Sie verzichten. Nichts ist schlimmer als Unterhaltungen wie die Folgende, die ich anlässlich eines Geldkongresses, an dem ich als Redner eingeladen war, nach meinem Vortrag neben mir belauschen durfte. Die beiden Gesprächspartner waren etwa 40 Jahre alt und unterhielten sich angeregt zum Thema Aktien. Als ich ahnte, in welche Richtung das Gespräch laufen würde, begann ich, mir Notizen für ein späteres Buch zu machen. Das Gespräch verlief in etwa wie folgt:

Person 1:»XY musst du kaufen. Die Aktie bildet gerade einen Doppelboden aus. Die Unterstützungszone hält garantiert.«

Person 2:»Ja aber, was ist mit der Meldung von heute Morgen? Angeblich sollen Umsatz, Gewinn und Wachstum von XY in den kommenden Jahren sinken.«

Person 1:»Man sagt doch, die Nachrichten sind bereits in den Kursen enthalten. Außerdem ist diese Formation eines Doppelbodens hier wirklich ausgeprägt.«

Person 2:»Kann man sich darauf verlassen? Ich meine, das sind doch nur Kurven. Ich habe Bedenken wegen der wirtschaftlichen Situation des Unternehmens.«

Person 1:»Die Kurse spiegeln exakt Angebot und Nachfrage wider. Das alles weiß die Börse schon. Und trotzdem gibt es diesen Doppelboden. Dazu kommt: Schlechte Nachrichten sind gute Kaufnachrichten. Ich sage dir: XY ist ein glasklarer Kauf.«

Sie ahnen, was hier passiert? Person 1 würde anhand der aktuellen Situation überhaupt nichts anderes zulassen, außer dass die Formation eines so genannten doppelten Bodens ein Kaufsignal sein »muss«. Die »Chartanalyse« von Person 1 besteht aus Ängsten und Hoffnungen, besteht aus der ohnehin schon bestehenden Meinung, die jetzt – welche Freude – durch einen doppelten Boden bestätigt wird. Während in unserem Beispiel die beiden Personen sich von Laie zu Laie unterhalten, kommt in der Praxis ein weiteres Phänomen hinzu. Je ausformulierter und komplizierter die technische Analyse klingt, umso eher signalisiert das vielen Börsenteilnehmern Glaubwürdigkeit.

46. Reichtums-Gesetz

Die technische Analyse ist ein System. Es ist ein System, was bei Begabung und Gespür des Analysten (Analyse bedeutet Arbeit!) zu überdurchschnittlichen Ergebnissen führen kann. Sobald Sie jedoch merken, dass Sie oder Ihre Tippgeber Hobbyanalysten sind, heißt es »Finger weg« von Chartempfehlungen. Die Chart-technik ist besonders dann der Beginn hoher Verluste, wenn sie lediglich dazu herangezogen wird, dass der betroffene Börsianer seine eigenen Vorstellungen in den Chart hineininterpretiert und dann – glücklicherweise bestätigt der Chart das, was er ja ohnehin schon dachte – handelt. Wenn Sie künftig über Charts lesen, dann denken Sie daran: 99 Prozent davon ist dummes Geschwätz. Das ist alles. Lediglich ein Prozent entspricht vielleicht wirklich brauchbarer Charttechnik.

47. Warum viele Menschen an der Börse Geld verlieren

An der Börse ist es wie im Sport. Die wichtigsten Grundregeln lauten:
1. Wer viel trainiert, gewinnt. Wer wenig trainiert, verliert.
2. Wer richtig trainiert, gewinnt, wer falsch trainiert, verliert

3. Wer richtig und viel trainiert, hat die besten Chancen auf Reichtum. Wer richtig und wenig trainiert, hat die Chance auf ein kleines Vermögen.
4. Wer falsch und viel trainiert, ist irgendwann erledigt. Wer falsch und wenig trainiert, kassiert einen Verlust nach dem anderen, hat jedoch noch immer so viel, dass er weitermachen kann.

Die entscheidende Botschaft lautet nun: Optimal ist, Sie trainieren viel und richtig. Fatal jedoch ist es, dass die meisten eher der Devise von Mark Twain folgen, die ich leicht abgewandelt habe.

Um an der Börse erfolgreich zu sein, setzen die meisten Spekulanten lediglich auf zwei Dinge:
• Unwissenheit
• Selbstvertrauen

Das ist alles. Die Unwissenheit der meisten Börsianer ist groß, das Selbstvertrauen ist in der Regel – insbesondere bei den Verlierertypen – noch größer. Wie groß Ihre eigene Unwissenheit ist, zeigt Ihnen möglicherweise der 3-Minuten-Test. Schlimm ist jedoch, dass die Mischung aus großer Unwissenheit (oberflächliches Wissen) und großem Selbstvertrauen an der Börse auf Dauer zum Ruin führt. Besonders schlimm wird es, wenn bei dieser Kombination Börsenerfolge erzielt werden. Sie haben richtig gelesen: Börsenerfolge sind, solange Unwissenheit mit großem Selbstvertrauen gepaart sind, das Schlimmste, was passieren kann. Denn der unwissende, erfolgreiche Börsianer wird dann von Transaktion zu Transaktion mutiger. Er riskiert mehr und mehr. Immer höhere Einsätze. Immer mehr Geld. Warum auch nicht! Es scheint schließlich alles bestens zu laufen. Bis dann die ersten Fehlschläge kommen, sich die Fehlschläge häufen. Jetzt wird aus Selbstvertrauen Unsicherheit und Angst. Das Ganze, kombiniert mit gleich bleibender Unwissenheit, endet in Hoffnung und zunehmender Selbstverpflichtung. In der Hoffnung auf steigende Kurse. Was anderes bleibt unserem Hobbybörsianer auch nicht übrig. Hat er doch bereits bei seinen Freunden davon geprahlt, wie er Geld an der Börse macht. Möglicherweise hat er sich bereits ausgerechnet, wann er (oder natürlich auch sie) die erste Million zusammen hat. Das Maß seiner eigenen, psychologischen Selbstverpflichtung wird größer, je mehr der Verlust mit einem Engagement ansteigt. Am Ende dieser Kette von Hoffnung und steigender Selbstverpflichtung steht nicht selten der Totalverlust.

Hier noch einmal diese wichtigsten Phasen:

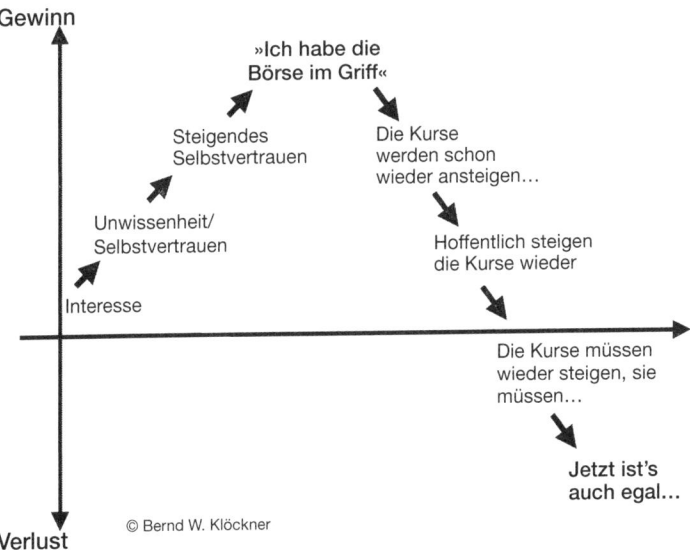

© Bernd W. Klöckner

Wenn Sie in solch einer psychologischen Abwärtsspirale gefangen sind, sollten Sie schnellstmöglich die Hilfe eines erfahrenen Profis einholen. Analysieren Sie Ihr Depot, treffen Sie Entscheidungen, lassen Sie los von einzelnen Aktien. Wichtig ist: Gestehen Sie sich Unwissenheit ein. Vermeiden Sie die Situation Hoffnung ohne Selbstvertrauen.

Nicht selten ist das – also der Zustand Hoffnung bei stark

153

schwindendem Selbstvertrauen – im Übrigen die Situation, in der sich die meisten Hobbybörsianer für einen Abonnement irgend so eines Börsenbriefs (unter denen es auch einige wenige gute Dienste gibt) entscheiden. Auch dieser letzte Schritt ist psychologischer Natur. Denn wenn es jetzt schief geht, trifft einen selbst keine Schuld mehr. Schließlich hat man nun den Börsenbrief eines bekannten oder auch weniger bekannten Börsengurus abonniert. Und wer kann schon etwas dafür, wenn die Tipps des Börsenbriefs sich alle als Verlustbringer erweisen.

Statt des Abonnements eines Börsenbriefes beginnen viele Anleger in der Verlust-Hoffnungs-Phase auch damit, nun ein eigenes erfolgreiches Anlagekonzept, eine eigene durchdachte und überlegte Investitionsstrategie zu finden. Da jedoch die Zeit gegen sie arbeitet (die Verluste in dieser Phase schwellen oft von Tag zu Tag an), ist die Geduld nur begrenzt. Das wiederum führt dazu, dass der betroffene Börsianer nur halbprofessionelle Entscheidungen zu treffen versucht. Dieser Versuch endet jedoch nicht selten mit dem Verlust des gesamten eingesetzten Kapitals.

Merke: Börsenumsätze steigen ab einem bestimmten Moment deshalb immer stärker trotz steigender Kurse, weil es immer mehr clevere, schlaue Börsianer gibt, die ihre Aktien verkaufen, während immer mehr dumme Börsianer auf den fahrenden Zug springen und kaufen, kaufen, kaufen!

Ein gutes Beispiel für diese psychologisch gefährlichen Phasen im Leben eines Börsianers war der Neue Markt im Zeitraum 1999 bis 2001. Angesichts der zunächst ständig steigenden Kurse kannte das Selbstvertrauen der Hobbybörsianer keine Grenzen. Die Leute kauften, was es zu kaufen gab. Mühelos kam es zu immer neuen Gewinnen. Das Selbstvertrauen und Selbstbewusstsein stieg und stieg, die Leute investierten jetzt alles an Spargeldern, was zur Verfügung stand. Väter liehen ihren Söhnen und Töchtern das Geld zur sorglosen Vermehrung. Omas liehen ihren Enkelkindern die mühsam zur Seite gelegten Spargelder. Weitere Gewinne folgten, jegliche

Vorsicht wurde abgelegt. Spannend in diesen Zeiten war, wie so mancher Abiturient bereits von einem Leben als Berufsbörsianer träumte. Das allgemeine Credo lautete: »Ich habe die Börse im Griff«, »Ich weiß, wie's funktioniert« und so weiter. Egal, wohin man blickte, die sich selbst überschätzende Wahrnehmung überwog bei den Anlegern.

Das »Overconfidence Bias«-Phänomen

Übersetzt bedeutet das so viel wie »sich selbst überschätzende Wahrnehmung«. Das bedeutet, wie Erich Florek in seinem Buch »Neue Trading Dimensionen« schreibt: Fragt man Autofahrer, ob sie besser fahren als der Durchschnitt, antworten 90 Prozent der Befragten mit Ja. 90 Prozent bedeutet: Fast alle fahren besser als der Durchschnitt, was wiederum nicht sein kann. Ebenso wie ein Großteil dieser befragten Autofahrer in Sachen Einschätzung der eigenen Fahrkünste irrt, irrt die Mehrzahl der Börsianer bei Einschätzung der eigenen Spekulationsfähigkeiten!

Zurück zum Geschehen am Neuen Markt. Nur wenige waren so ehrlich und gaben zu, dass die in Bezug auf die Bewertung der Neuer-Markt-Aktien in völliger Dunkelheit tappten. In dieser Zeit, also zu Beginn des Jahres 2000, führte ein Freund von mir, Wertpapierberater einer großen deutschen Bank, unter anderem folgendes Telefonat mit einem Kunden:

Kunde: Kaufen Sie in dieser Woche für mindestens 20 000 Mark Neuemissionen!

Berater: Welche denn genau?

Kunde: Das ist egal, Hauptsache Neuemissionen, damit macht man immer Geld, wie mir ein Freund sagte.

Aber nicht nur die Kunden drehten in dieser Zeit regelrecht durch. Auch so mancher Berater glaubte an die unendliche (Börsen-)Geschichte. Ein solcher rief mich in dieser Zeit an und meinte: Ich solle einfach nur mehrere Depotkonten eröffnen. Er würde dann regelmäßig versuchen, Neuemissionen in großem Stil zu zeichnen. Das wäre ein todsicheres Geschäft.

Jede (das sagte er wirklich), jede Neuemission würde Gewinne bringen.

Dann kam der Absturz, und damit kamen die Hoffnungsphasen. Wer gestern noch großspurig seinen Freunden erklärt hatte, wie mühelos er an der Börse seit Monaten sein Kapital vermehrte, konnte natürlich zunächst nicht zugeben, dass er seit Wochen einen Verlust nach dem anderen erzielte. »Ich bin mir sicher, die kommen wieder«, war einer der am häufigsten geäußerten Sätze zur Verteidigung.

47. Reichtums-Gesetz

Wenn Sie auf Dauer an der Börse reich ohne Risiko werden wollen, dann trainieren Sie viel und richtig. Hüten Sie sich vor jeglicher Kombination aus Unwissenheit und Selbstvertrauen. Diese Kombination ist schnell der Anfang vom Ende. Gestehen Sie sich im Zweifel lieber ein, dass Sie nicht die geringste Ahnung von einer Aktie, einem Unternehmen oder dessen Branche haben. Investieren Sie in diesem Fall kein Geld. Warten Sie ab. Sorgen Sie für grundlegende Kenntnisse. Hüten Sie sich vor steigender Selbstverpflichtung, kombiniert mit Hoffnung auf steigende Kurse. Kurse müssen keineswegs nur deswegen wieder steigen, weil Sie sich emotional einreden, die Kurse müssten doch jetzt mal wieder steigen. Das ist alles.

Teil B: Reich ohne Risiko mit Investmentfonds

Hinweis: Im Folgenden geht es um das Thema Investmentfonds. Ich verrate Ihnen in einzelnen Lektionen wichtige Gesetzmäßigkeiten speziell für die erfolgreiche Geldanlage in Fonds. Dabei gilt: Für Ihren ganz persönlichen Weg zu Reichtum ohne Risiko gibt es kaum eine bessere Alternative als die Anlage in Fonds. Eins ist mir vorab besonders wichtig: Ich beschäftige mich in den folgenden Lektionen nur sehr begrenzt mit den unterschiedlichen Fondsvarianten. Dieses Buch ist, wie anfangs erwähnt, kein spezielles Fondsbuch. Mir geht es vielmehr um grundsätzliches Know-how für Gewinner. Know-how, das Sie am besten mit der Geldanlage in breit streuende Aktienfonds, beispielsweise mit international anlegenden Aktienfonds erfolgreich in die Praxis umsetzen. An dieser Stelle bedanke ich mich ausdrücklich bei Thorsten Pörschmann für die fachliche Unterstützung. Thorsten Pörschmann ist Ressortleiter für den Bereich Fonds in der Redaktion des von mir geleiteten Newsletters MEHR GELD. Viel Erfolg!

48. Was Sie über Ratings und Rankings von Fonds wissen müssen

Fondsranglisten – wer kennt Sie nicht. *Börse Online, Capital, Finanztest* etc. veröffentlichen diese Rennlisten regelmäßig. Wer sich mithilfe solcher Listen ein Depot zusammenstellt, läuft leicht in die Falle. Die Top-Fonds von gestern sind häufig die Flop-Fonds von morgen. Wer sich ein Depot aus den besten

Fonds 1999 zusammengestellt hat, besitzt nun ein Trümmerfeld. Auch die Ausweitung des Betrachtungszeitraumes auf drei oder fünf Jahre hilft nicht (immer) weiter. Erzielt ein Fonds in einem Fünfjahreszeitraum einmal ein exorbitant gutes Jahresergebnis, steigt automatisch auch die Durchschnittsrendite über den gesamten Zeitraum. Hier ein Beispiel eines populären Fonds, des DAC Kontrast Universal. Der Boom in den Jahren 1999 und 2000 ließ den Fondskurs explodieren – vorher war so gut wie nichts los – und das Ende ist bitter, wie der Chart in beeindruckender Weise zeigt. In der Boomphase hatte diesen Fonds fast niemand – dann kamen die Ranglisten der Medien, der Fonds wurde zur Nummer eins erklärt, und Tausende von Anlegern investierten Millionen. Wenn Sie auf Dauer mit Fonds gewinnen wollen, müssen Sie anders vorgehen.

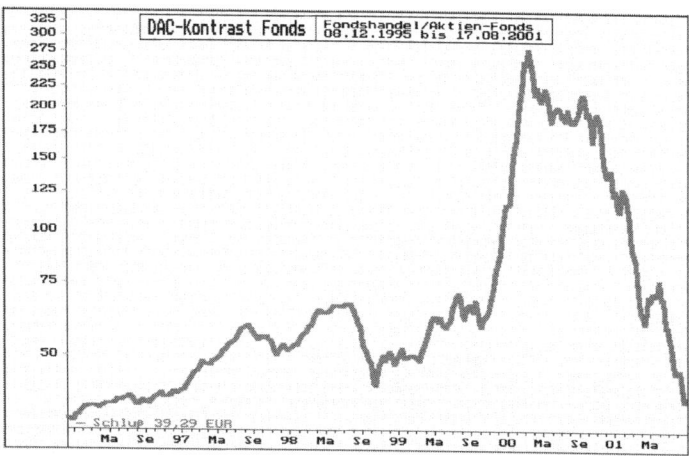

Kombinieren Sie systematisch verschiedene Analysemethoden! Das ist alles. Lesen Sie daher nun, wie Sie künftig systematisch Fonds analysieren und damit die beste Voraussetzung für langfristige Gewinne schaffen.

Grundsätzliches

Fondsergebnisse sind entweder sehr starke Individualleistungen (Gurugläubigkeit des Publikums) oder Ausdruck eines systematischen Managementansatzes, bei dem individuelle Personen nicht die Hauptrolle spielen. Vorsicht bei Fonds, die von einzelnen Personen abhängen – die können schnell weg sein oder ihren Gurustatus verlieren. Auf solche Fonds baut man keine langfristige Strategie auf.

Ratingsysteme

Mittlerweile gibt es verschiedene Fondsratingagenturen, die nicht nur die kurz- und mittelfristige Performance, sondern auch die Qualität der Ergebnisse messen. Dabei wird die Konstanz der Ergebnisse über verschiedene Perioden gemessen, um Zufallstreffer herauszufiltern, und das Anlagerisiko gesondert bewertet. Gute Hinweise ergibt das Ratingsystem von Feri-Trust (www.Feri-Trust.de), bei dem die besten Fonds einer Gruppe mit einem großen A ausgezeichnet werden, die nächsten erhalten ein B usw.

Von 100 Fonds erhalten:

 8,1% ein A-Rating (bester)
23,1% ein B-Rating
34,7% ein C-Rating
25,4% ein D-Rating
 8,7% ein E-Rating (schlechtester)

Auch Standard & Poor's (www.funds-sp.com) führt Ratings nach dem folgenden Muster durch:

AAA Der Fonds weist in seinem Anlageprozess und in der Beständigkeit der Performance das höchste Maß an Qualität in seinem Sektor auf, im Vergleich zu Fonds mit ähnlichen Anlagezielen.

AA Der Fonds weist in seinem Anlageprozess und in der Beständigkeit der Performance ein sehr hohes Maß an Qualität in seinem Sektor auf, im Vergleich zu Fonds mit ähnlichen Anlagezielen.

A Der Fonds weist in seinem Anlageprozess und in der Beständigkeit der Performance ein hohes Maß an Qualität in seinem Sektor auf, im Vergleich zu Fonds mit ähnlichen Anlagezielen.

NR Fonds, die mit einem NR *(not rated)* gekennzeichnet werden, erfüllen derzeit die erforderlichen Performancekriterien und/oder die qualitativen Mindestkriterien nicht.

UR Ein Rating wird ausgesetzt und der Fonds wird mit *Under Review* gekennzeichnet, wenn bedeutende Managementveränderungen stattgefunden haben und Standard & Poor's noch nicht die Gelegenheit hatte, die qualitativen Auswirkungen zu beurteilen.

Das in Deutschland noch recht neue Morningstar-Rating (www.morningstarfonds.de) verleiht, wie der Name schon sagt, Sterne:

Top 10 Prozent: *****
Folgende 22,5 Prozent: ****
Mittlere 35 Prozent: ***
Folgende 22,5 Prozent: **
Flop 10 Prozent: *

Die Auszeichnung mit fünf Micropalsternen hingegen sollte nicht überbewertet werden – zu viele Fünfsternefonds kamen und gingen in den letzten zehn Jahren.

Zusammenfassung Ratingsysteme:

Ratingunternehmen	Stufen	Benotung von »sehr gut« bis »schlecht«
Feri-Trust	5	von A bis E
Morningstar	5	von **** bis *
S & P Star Ranking	5	von **** bis *
S & P Funds Service	3	AAA, AA, A
Fund Consult	3	von »Buy« über »Switch« bis »Hold«
Südprojekt	8	von AA+ bis B

»Reich ohne Risiko«-Indikatoren

Wenn ein Fonds sehr populär wird, sammelt er viel Geld ein. In den USA gehen große Gesellschaften seit Jahren dazu über, einen Annahmestopp für neues Geld zu verhängen, wenn ein Fonds zu groß und unbeweglich wird. In Deutschland ist das nicht üblich, hier wird eingesammelt, was der Markt hergibt. Häufig sind die guten Ergebnisse die einen Fonds zu einem guten Rating verholfen haben, mit wenig Fondsvolumen erzielt worden. Nach Höchstauszeichnung fließen schnell Milliarden zu, und der Fonds kann nicht mehr so flexibel anlegen wie vorher. Viele Superfonds funktionieren deshalb wie Sternschnuppen – kurz geleuchtet und anschließend verglüht. Daher halten Sie sich lieber von den absoluten Spitzenreitern fern.

Beziehen Sie in jedem Fall die Volumenentwicklung mit in Ihre Analyse ein. Diese lässt sich auf der Internetseite des Bundesverbands Deutscher Investmentgesellschaften (www.bvi.de) für die deutschen Fonds schnell nachlesen. Beschäftigen Sie sich mit solchen Fonds, die seit Jahrzehnten jeden Börsensturm überstanden haben. Bei neuen und viel versprechenden, vermeintlichen Superfonds XXL oder Ähnlichen seien Sie vorsichtig. Viele dieser Fonds werden in den nächsten zehn Jahren wegen Erfolglosigkeit geschlossen. Sie sollten nicht unbedingt dabei sein.

Fondskurztest

Bevor Sie in Fonds investieren, beantworten Sie folgende Fragen:

1. Ist der Fonds breit gestreut, oder legt er nur in einem engen Anlagesegment an?
2. Handelt es sich bei dem Fonds um einen von Personen oder vom Managementansatz geprägten Fonds? Bei Personenfonds: Sind die Verantwortlichen noch am Ruder?
3. Wie waren die Ergebnisse der Einzeljahre von 1992 bis 2000 im Vergleich zum Index und im Vergleich zum Wettbewerbsdurchschnitt? Wie viele Verlustjahre gab es?

4. Welches Rating besitzt der Fonds bei S&P, bei Feri-Trust?
5. Wie hat sich das Volumen des Fonds entwickelt? Ist das Fondsvolumen in der letzten Zeit explodiert? Hat der Fonds auch schon mit hohen Volumen gute und kontinuierliche Ergebnisse gebracht?

48. Reichtums-Gesetz
Sie sehen: Wer erfolgreich in Fonds investieren will, muss – ähnlich wie beim Aktienkauf – einige Hausaufgaben machen. In der folgenden Lektion werden wir dieses Gesetz anhand eines guten und eines schlechten Beispiels in die Praxis umsetzen.

49. Fondsauswahl – Ein Praxisbeispiel

Zusammenfassend lässt sich sagen, dass alle Systeme Vor- und Nachteile haben. Kommen alle Ratingsysteme bei einem Fonds zu einem ähnlich guten Ergebnis, ist der Anleger auf der Suche nach einem geeigneten Fonds dem Ziel schon recht nahe. Anschließend sollten die Fonds aussortiert werden, die in der Publikumsgunst insgesamt sehr hoch stehen. Es ist verständlich, dass man zunächst auf die Produkte schielt, die in der Vergangenheit Traumrenditen produziert haben. Ein Trend, der häufig dann vorbei ist, wenn die Masse des Publikums aufmerksam geworden ist. Aber wie findet man das heraus?

1. Es gibt eine gute Möglichkeit, auf der Webseite der Comdirekt Bank (www.comdirekt.de) unter der Menüleiste »Fonds« sich einmal anzusehen, was die Masse so kauft. Dort sind die gefragtesten Fonds von Direktbankkunden aufgelistet. Meist handelt es sich um die Renditeraketen der letzten Monate – hier ist Vorsicht geboten. Achtung: Nutzen Sie www.comdi-

rekt als Auskunftsquelle. Bevor Sie jedoch Kunde bei einer Bank werden, vergleichen Sie die Konditionen.

2. Auf der Webseite des Bundesverbands Deutscher Investmentgesellschaften (www.bvi.de) gibt es einen Menüpunkt, unter dem man die Neueinzahlungen in Euro für alle deutschen Fonds nachlesen kann. Prinzipiell gelingt es einem kleinen, flexiblen Fonds besser, bestimmte Trends auszunutzen. Wenn dieser Fonds dann populär wird, bekommt er sehr viel Geld und kann manchmal in bestimmte Marktsegmente nicht mehr investieren, da er mit seinem großen Volumen dort nicht mehr genügend Aktien kaufen kann, ohne die Kurse durch eigene Käufe oder Verkäufe zu beeinflussen.

Neben dem Ratingsystem und der Frage nach dem Volumen ist es bei Aktienfonds besonders wichtig, auf die Investmentstilrichtung zu achten. Hier gibt es grundsätzlich zwei Richtungen. Wachstumsfonds und Substanzwertefonds. Bei Wachstumsfonds wird auf Unternehmen gesetzt, die eine schnelle Gewinnwachstumsrate aufweisen. Substanzwerte agieren häufig in als langweilig geltenden Märkten wie Automobil-, Öl- oder Bauindustrie.

Substanzwertefonds reagieren behäbiger und fallen häufig in schlechten Konjunkturzeiten durch eine gute Wertentwicklung auf. Wachstumsfonds reagieren sehr empfindlich auf Konjunkturauf- und -abschwünge und liefern in Phasen einer guten Konjunktur Traumrenditen, stürzen bei Rezessionen jedoch auch erheblich ab. Wenn man sich die Kombination solcher Fonds sparen will, sucht man einen Fonds, der beide Ansätze mitberücksichtigt, eine kontinuierliche Entwicklung auch in schwierigen Phasen aufwies und nicht gerade auf der Hitliste der Fondsraketen steht.

Analysieren wir einmal einen Fonds, der den Idealkriterien weitestgehend entspricht. Dabei ziehen wir die Kontinuität der Performance, alle Ratingsysteme und das Fondsvolumen mit zurate. Nebenbei sei noch einmal erwähnt, dass bei einer langfristigen Strategie die Festlegung auf einen Fondsmanager nicht sinnvoll ist. Fondsmanager kommen und gehen – ein Fonds muss vom Konzept her überzeugen, auch wenn die Personen wechseln.

Analysieren wir den *ACM Global Growth Trends (WKN 974264)* – einen Fonds, der fünf globale Trends mitberücksichtigt. Dabei wird jedes Segment von einem eigenen Managementteam betreut. Es handelt sich damit um einen so genannten Multimanagerfonds. Investiert wird in die Bereiche Technologie, Pharma, Rohstoffe, Finanzdienstleistungen und Infrastruktur. Dabei wird je nach Marktlage ein Sektor höher oder niedriger gewichtet. So war es im Jahr 1999 gut, eine hohe Technologiegewichtung zu haben, im Jahr 2000 aber waren Rohstoffwerte und Pharma übergewichtet. Somit konnte sich der Fonds vor allem der Abwärtsbewegung im Technologiebereich entziehen.

Die Jahresergebnisse in Prozent im Vergleich zum Index (DM-Basis) – die schwierigen Aktienjahre sind hervorgehoben:

Jahr	1994	1995	1996	1997	1998	1999	2000
Fonds	– 5,98	31,59	23,22	27,06	16,88	68,81	8,77
Index	– 7,93	9,98	19,84	33,49	13,77	43,44	– 7,79

Bewertung durch die Ratingagenturen:
 Standard&Poor's: AAA
 Feritrust: B
 Micropal: *****

Der Chart des Fonds im Vergleich zum Aktienindex-Welt (MSCI-World):

65,0	329,6%
62,5	316,9%
60,0	304,2%
57,5	291,6%
55,0	278,9%
52,5	266,2%
50,0	253,5%
47,5	240,9%
45,0	228,2%
42,5	215,5%
40,0	202,8%
37,5	190,2%
35,0	177,5%
32,5	164,8%
30,0	152,1%
27,5	139,4%
25,0	126,8%
22,5	114,1%
20,0	101,4%

ACM Global Growth A Fondshandel/Aktien-Fonds, 01.04.1997 bis 14.09.2001

Schluß 40,8396 EUR   MSCI/Welt (EUR) 101,6 EUR

Ma Se 98 Ma Se 99 Ma Se 00 Ma Se 01 Ma Se

Obere Kurve ADM, untere Kurve MSCJ.

Der Fonds hat ein Volumen von 1,71 Milliarden US-Dollar und investiert in große Standardwerte der entsprechenden Branchen. In den vergangen Jahren hat er trotz seiner beachtlichen Größe nicht in der Kontinuität nachgelassen. Geeignet ist der Fonds allerdings nur zur langfristigen Vermögensanlage (zehn Jahre und länger), da zwischenzeitlich, wie bei jedem Aktienfonds, auch mehrere Verlustjahre in Folge auftreten können. Der Fonds ist auch für langfristige Sparpläne geeignet. Die Mindestrate beträgt 150 Euro pro Monat.

Ein gutes Beispiel ist schwerer zu gestalten als ein schlechtes. Ich möchte trotzdem den bereits erwähnten DAC Kontrast Universal (WKN 849069) noch einmal ins Spiel bringen und systematisch Fehlerquellen aufzeigen, die teuer werden können:

• Der Fonds war bis zum Jahr 1999 quasi unbekannt. Im Chart sieht man auch, warum – vorher war hier nichts zu verdienen –, dann wechselte 1999 das Management und machte aus dem langweiligen Aktienfonds eine spekulative Fondsrakete, die erst einmal unbemerkt aufstieg.

- Plötzlich stellten im Jahr 2000 viele Anleger fest, dass dieser Fonds in einem Jahr von 50 auf 300 Euro gestiegen ist, also um 600 Prozent. Damit war dies quasi der Wunderfonds, auf den alle gewartet haben.

Schauen wir uns das Fondsvolumen und die Wertentwicklung in den Einzeljahren an :

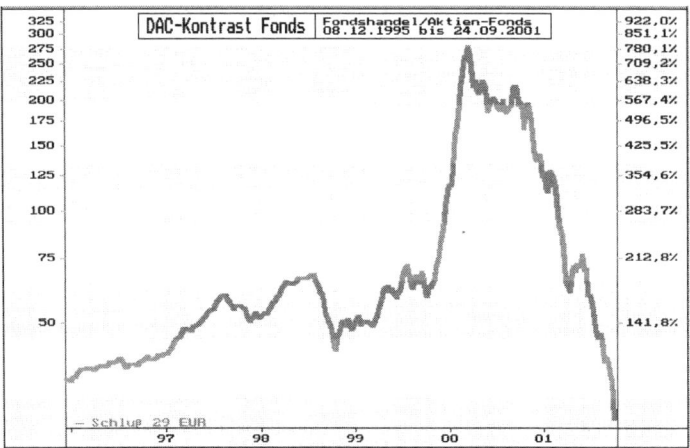

Jahr	1995	1996	1997	1998	1999	2000	2001
Volumen in Millionen Euro	2,9	3,3	4,7	4,4	60,7	270	73,9
Wertveränderung	− 15,6%	18,9%	26,9%	− 3,4%	136,2%	9,5%	− 7,6%

Daran lässt sich erkennen, dass Anleger gern nach dem Höhepunkt des Fondspreises einsteigen und erwarten, dass sich die Vergangenheit einfach fortsetzt. Das war leider nichts – der Fonds verlor bis zum 25. 9. 2001 etwa 90 Prozent (!) von seinem Höchstkurs.

Setzen Sie auf Fonds mit kontinuierlicher Wertentwicklung. Meiden Sie Fondsraketen. Das klingt einfach, ist jedoch extrem wichtig auf Ihrem Weg zu Reichtum ohne Risiko.

50. Was Sie über die clevere Verkaufstaktik mancher Fondsgesellschaften unbedingt wissen müssen

Diese Lektion ist eine sehr wichtige Lektion für die erfolgreiche Fondsauswahl. Ich habe darüber bereits einmal in meinem monatlich erscheinenden Coachingbrief berichtet.

Immer wieder spreche ich mit Leuten, die mir sinngemäß sagen:»Mir wurde von meiner Bankberaterin ein erst vor einem Jahr aufgelegter Fonds zum Kauf empfohlen. Als Argument, wieso dieser noch relativ neue Fonds ein guter Kauf sei, führte die Beraterin die Wertentwicklung dieses Fonds im Vergleich zu anderen Fonds der gleichen Kategorie in der Vergangenheit an. Kann man sich auf solche Vergleiche verlassen?«

Ich möchte Ihnen zunächst einmal darstellen, was dieser Leser meinte. Betrachten Sie dazu die folgende Skizze:

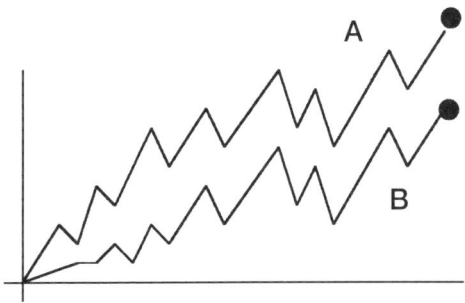

Jetzt meine entscheidende Frage an Sie: Ist der Fonds A wirklich erfolgreicher als Fonds B? Wenn ja, begründen Sie mit einigen wenigen Sätzen Ihre Antwort. Bei einem Nein ebenso. Bitte denken Sie daran: Solche Übungen, bei denen Sie schriftlich Stellung nehmen müssen, sind wichtig. Damit üben Sie, bei Geldentscheidungen gründlich nachzudenken, erst in Ruhe zu überlegen, bevor Sie eine Entscheidung treffen.

> Ich meine, Fonds ____ ist der bessere
> Fonds weil …
>
> _____
>
> _____
>
> _____
>
> _____
>
> _____
>
> (bitte in jedem Fall ausfüllen!)

Nachdem Sie Ihre eigene Stellungnahme notiert haben, nun die Lösung. Richtig ist, dass Fonds A in der ersten Zeit bessere Ergebnisse brachte als Fonds B. Dann jedoch lief die Entwicklung bei beiden parallel. Das Ganze sieht – wenn Sie die ersten Monate verdecken – grafisch wie folgt aus:

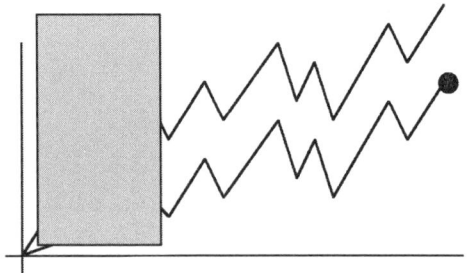

Hintergrund: Fondsmanager eines neuen Fonds haben in der ersten Zeit den Vorteil, dass sie keine Flops im Depot haben und gewissermaßen ganz neu am Markt »einkaufen« können. Die Chance ist also groß, in der Anfangszeit das Depot besser strukturieren zu können, als es ein Fondsmanager eines bereits mehrere Jahre laufenden Fonds, der voll investiert ist, tun kann. Irgendwann ist jedoch auch der neue Fonds voll investiert und die ersten Fehleinkäufe sind nun ebenso dabei wie bei den alten Fonds. Nun kann auch der Fondsmanager des neuen Fonds nicht zaubern, er kann nur die Chancen nutzen, die der Markt bietet. Und ab diesem Zeitpunkt gleichen sich die Wertentwicklungen in den meisten Fällen an.

51. Reichtums-Gesetz

Lassen Sie sich nicht von solchen Vergleichsrechnungen blenden. Wenn ein »neuer« Fonds im letzten Jahr besser abgeschnitten hat als die Wettbewerber, betrachten Sie den Chart ganz genau. Brachte der Fonds kontinuierlich bessere Ergebnisse, dann lohnt sich möglicherweise der Einstieg. Erwirtschaftete der Fondsmanager nur zu Beginn einen Vorsprung und ist anschließend die Wertentwicklung im Vergleich zu Fonds der gleichen Kategorie parallel, dann ist das Ganze nur ein gutes Verkaufsargument. Mehr nicht!

51. Vorsicht Falle: Fonds im Vergleich zum Index

Oft wird in Werbematerialien präsentiert, wie ein Fonds X deswegen so gut ist, weil er auch deutlich den entsprechenden Vergleichsindex geschlagen hat. »Index-Bluff« nennen das die beiden Buchautoren und Fondsinsider Fehrenbach und Kapferer, deren Buch »An Investmentfonds verdienen« sicherlich zu den besten Büchern gehört, die es zum Thema Fonds gibt. Warum können Sie auf solche Fonds-Index-Vergleiche nur beschränkt vertrauen, wenn Sie auf Dauer mit möglichst wenig Risiko reich werden wollen? Warum sagt es so gut wie nichts aus, wenn der Fonds A, wie Fehrenbach und Kapferer schreiben, den Index MSCI Europa geschlagen hat, der Fonds B dagegen weit unterhalb der Entwicklung des Dow Jones Index Stoxx 50 liegt? Der Hintergrund: Index ist nicht gleich Index. Es gibt eher marktbreite Indizes und eher marktenge Indizes. Es gibt Länder-, Branchen- und sonstige Indizes. Am wichtigsten jedoch ist, dass es zwei wesentliche Indextypen gibt.

Kursindizes: Solche Indizes geben ausschließlich die reine Kursentwicklung eines Index wieder. Zusätzliche Ertragsbestandteile, die für jeden Anleger sonst üblicherweise anfallen, bleiben unberücksichtigt.

Performanceindizes: Bei dieser Form von Indizes werden alle möglichen Erträge bei der Berechnung des Indexkurses mit berücksichtigt, also auch gezahlte Dividenden.

Fazit: Kursindizes als Vergleichsmaßstab sind infolge der Berechnung leichter zu schlagen als die Performanceindizes. Wenn es zur gleichen Anzahl von x-beliebig festgelegten Aktien einen Kursindex und einen Performanceindex gibt, liegt der Performanceindex stets höher als der Kursindex. In der Praxis kann man nun, wenn man darauf achtet, feststellen, dass ein großer Teil immer wieder genannter Vergleichsindizes aus der so genannten MSCI-Familie stammt. MSCI Europa, MSCI Welt usw. Diese MSCI-Indizes waren bis zur Fertigstellung dieses Manuskripts reine Kursindizes. Die Folge: Nahezu jeder Fonds, selbst ein mittelguter bis schlechter Fonds, kann auf Dauer den vergleichbaren MSCI-Index schlagen. Denn immerhin machen allein die Dividenden jedes Jahr ein paar Prozentpunkte an zusätzlichem Ertrag aus.

Mit anderen Worten: Wird ein Fonds mit einem reinen Kursindex verglichen, kann ein solcher guter Fondsindex (ohne Berücksichtigung von Dividendenzahlungen) nur selten so gut sein wie der entsprechende Fonds. Anlegern kann so in Werbebroschüren vermeintliche Qualität verkauft werden, ohne dass diese Qualität wirklich vorhanden ist. Von den verschiedenen bekanntesten Indizes sind DAX und S&P-500-Performanceindizes, Stoxx-Indizes, Dow Jones Industrial und MSCI-Indizes gehören dagegen zu den Kursindizes.

Nutzen Sie diesen Unterschied zwischen Kurs- und Performanceindex durchaus einmal für einen Beratertest, den im Übrigen Fehrenbach und Kapferer ebenfalls empfehlen.

Möglichkeit 1: Im Beratungsgespräch legt Ihr Berater Ihnen den Vergleich eines Fonds mit einem Kursindex vor. Er verweist auf die bessere Entwicklung des Fonds. Stillschweigend kennt er sich bestens mit dem Unterschied Kurs- und Performanceindex aus. Das merken Sie, als Sie diesen Berater auf den wichtigen Unterschied ansprechen. In diesem Fall sollten Sie den Berater, der Sie offensichtlich über den Tisch ziehen will, dringend wechseln.

Möglichkeit 2: Ihr Berater legt Ihnen im Beratungsgespräch den Vergleich zwischen der Entwicklung eines ausgewählten Fonds und eines Kursindex vor. Über den Unterschied zwischen Kursindex und Performanceindex sagt er nichts. Sie sprechen ihn nach seiner Beratung auf diesen Unterschied an. An seiner Reaktion merken Sie – außerdem gibt er es zu –, dass er nicht die geringste Ahnung von diesem für jeden Anleger wichtigen Unterschied hat. Auch in diesem Fall sollten Sie den Berater dringend wechseln. Wer Sie derart wenig über wichtige Zusammenhänge aufklärt, dem sollten Sie Ihr Geld nicht anvertrauen.

Möglichkeit 3: Ein Berater vergleicht die Fondsentwicklung eines bestimmten Fonds mit einem Performanceindex und erklärt Ihnen ungefragt den Unterschied zwischen einem Kurs- und einem Performanceindex. Diesem Berater können Sie vertrauen.

51. Reichtums-Gesetz

Wer beim Vergleich von Fonds und Indizes nicht Äpfel mit Birnen vergleichen will, sollte folgende Gewinnerregeln beachten:

1. Ist der Vergleichsindex zu Recht ein Vergleichsindex? Das heißt: Sind die Werte, in die der Fonds investiert, vergleichbar mit den Indexwerten?

2. Handelt es sich bei dem Index um einen Performanceindex?

3. Wenn mehrere Fonds verglichen werden: Werden alle mit derselben Indexart (also Kursindex oder Vergleichsindex) verglichen?

52. Fondssparpläne: gute Gewinne trotz schlechter Börsenzeiten

Das bisherige Ergebnis lautet: Wer auf Dauer reich werden will, kommt an der Geldanlage in Aktien und Aktienfonds nicht vorbei. Wären da nicht die schlechten Börsenzeiten, die so manchem Anleger Angst einjagen. So auch beispielsweise im Sommer 2001. Seit Monaten kannten die Aktienkurse nur eine Richtung: die nach unten. Nicht wenige Anleger hatten einen Großteil ihres Vermögens mit Aktien des so genannten Neuen Marktes, der Börse, an der Wachstumsunternehmen notiert sind, verloren. Verständlich, dass viele Anleger die Aktie als Anlagevariante wieder sehr kritisch betrachteten. Tatsache jedoch war: Nicht die Aktie war Ursache der Vermögensvernichtung. Ursache waren vielmehr Tausende von Anlegern, die ohne Kenntnis der wichtigsten Aktiengesetze und -strategien in Aktien investiert hatten. Welche Aktiengesetze und -strategien Sie berücksichtigen müssen, erfahren Sie in diesem Buch. Dazu kommt speziell hinsichtlich der Geldanlage in Aktienfonds: Selbst wer nach vielen mageren Börsenmonaten Ende Juni 2001 ausstieg – also zu einem denkbar ungünstigen Zeitpunkt –, erzielte, über die Jahre betrachtet, erstaunlich gute Ergebnisse. Der Bundesverband Deutscher Investmentgesellschaften (BVI, www.bvi.de) veröffentlichte für Fondssparpläne unterschiedlicher Fondsarten zum Stichtag 30. Juni 2001 folgende Ergebnisse:

52. Reichtums-Gesetz

Lassen Sie sich von zwischenzeitlichen Börsencrashs nicht abschrecken. Hier gilt: Wer sein Kapital europaweit oder international in Aktien, speziell in Aktienfonds streut, hat auf mittlere bis

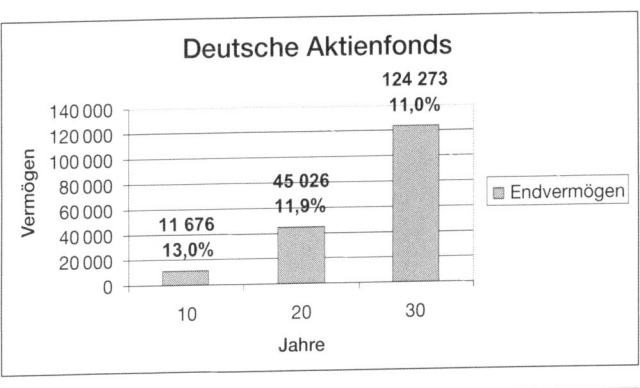

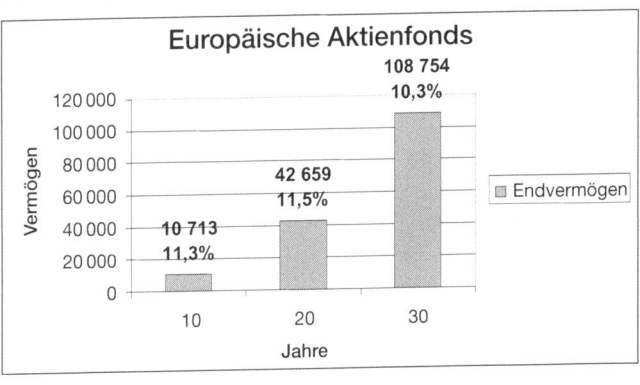

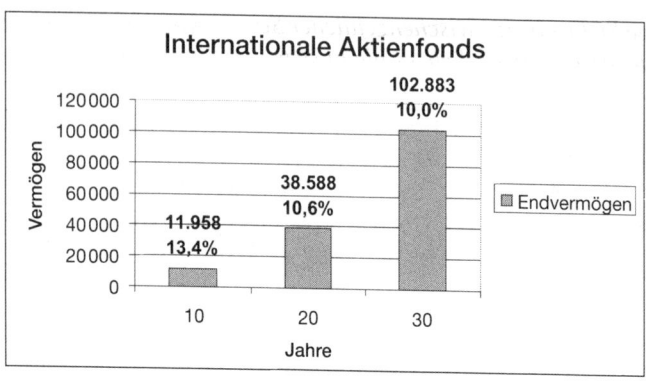

Internationale Aktienfonds

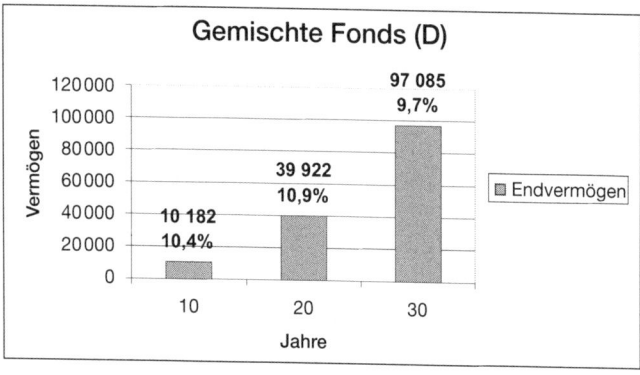

Gemischte Fonds (D)

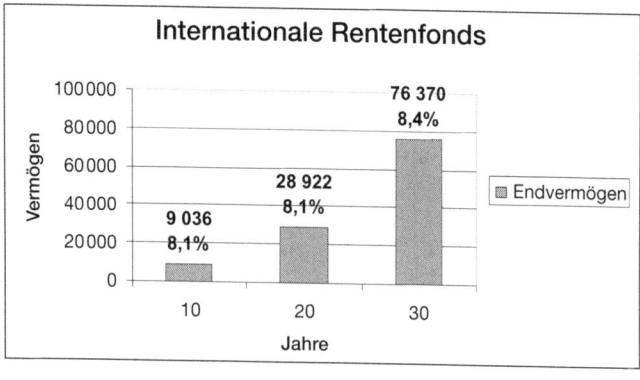

Internationale Rentenfonds

lange Sicht – trotz zwischenzeitlicher Schwankungen – kaum ein Verlustrisiko. Sicherlich, es bleibt stets das Risiko eines Totalzusammenbruchs der Wirtschaft über Jahrzehnte. Verstehen Sie, eines Totalzusammenbruchs der Wirtschaft der verschiedenen Länder über verschiedene Jahrzehnte. Sozusagen ein lang andauerndes wirtschaftliches Chaos. In diesem Fall werden auch Aktienfondssparer Durststrecken durchhalten müssen. Ansonsten gilt: Aktienfonds sind der Autopilot zu Geld und Reichtum.

53. Was ist dran an Spezialfonds für schlechte Börsenzeiten?

Das Zauberwort im Fondsbereich für Krisenzeiten an den Börsen lautet »Hedge Fonds«. Hedge, das bedeutet sinngemäß so viel wie Absicherung. Sich eindecken. Sich also so eindecken, dass im Grunde genommen nichts passieren, sprich: das eigene Geld keinen Schaden erleiden kann. Obwohl der Begriff Hedge Fonds verhältnismäßig neumodisch klingt, gab es den ersten Hedge Fonds bereits 1949. Gegründet von Alfred Winslow Jones, ehemaliger Steward auf einem Dampfschiff, später dann Absolvent der Elite-Universität Harvard, dann Diplomat und Journalist. So mancher Anleger, der sich bereits ein wenig besser mit Finanzprodukten auskennt, erinnert sich an das Jahr 1998. Damals kam es zu einer spektakulären Schieflage des Fonds LTCM, was so viel bedeutete wie Long Term Capital Management. Dieser Fonds geriet damals angesichts der Asien- und der Russlandkrise ins Trudeln. Es drohte der finanzielle Kollaps, hätte nicht die Deutsche Bank damals die Führung zur Rettung des Fonds übernommen.

Oder nehmen wir Meldungen wie die in *Die Welt* vom 8. April 1999: »Hedge Fonds verschrecken Anleger.« Seit 1998 heftete also solchen Hedge Fonds dank solche Geschichten bedingt der Geruch des Gefährlichen, des Riskanten an.

Der Nachteil solcher Hedge Fonds war zudem lange Zeit, dass auf Grund der hohen Mindestanlage diese Form der Geldanlage für Otto Normalverbraucher, für den Kleinanleger nicht in Frage kam. Bis Banken so genannte Zertifikate auf Hedge Fonds anboten. Jetzt war es auch für Kleinanleger möglich, mit deutlich reduzierten Mindestanlagesummen die Möglichkeit der Hedge Fonds zu nutzen. Nehmen wir ein Beispiel: Im August 2001 gibt es so das HedgeSelect-Zertifikat der Deutschen Bank. Bei diesem Zertifikat sorgen die Profis der Banktochter DAM Deutsche Asset Management dafür, dass sich das Portfolio aus mindestens 15 ausgewählten Hedge Fonds zusammensetzt.

Was müssen an Hedge Fonds interessierte Anleger unbedingt wissen?

1. Auch wenn »to hedge« so viel wie absichern oder eindecken bedeutet, bedeutet die Investition in einen Hedge Fonds nicht »Kein Risiko«. Im Gegenteil: Manche Hedge Fonds wollen bestmögliche Renditen erzielen und gehen daher hohe Risiken ein.

2. Anleger, die reich ohne Risiko werden wollen, sollten niemals in einen einzelnen Hedge Fonds investieren. Besser ist es, auf einen entsprechenden Dachfonds oder ein entsprechendes Zertifikat zu setzen.

3. Niemals mehr als zehn bis 15 Prozent sollten interessierte Anleger in solche Hedge-Fonds-Produkte investieren.

4. Ein breit gestreutes Hedge-Fonds-Portfolio, also beispielsweise bei Wahl eines Dachfonds oder eines entsprechenden Zertifikats, kann bei gemäßigtem Risiko hohe Renditen bringen. Beispiel: Im Jahr 2000 verlor der Weltindex, also der Maßstab für die Wertentwicklung der weltweiten Börsen, kurz MSCI-Weltindex genannt, rund 14 Prozent. Im gleichen Zeitraum erzielte der von der Credit Suisse First Boston gemanagte CSFB-Tremont-Index ein Plus von rund fünf Prozent. Im Vergleich zum Aktienmarkt (Weltindex MSCI) brachten

Hedge Fonds im Zeitraum 1994 bis 2000 im Durchschnitt teils deutlich bessere Ergebnisse als Aktien. Die Zahlen:

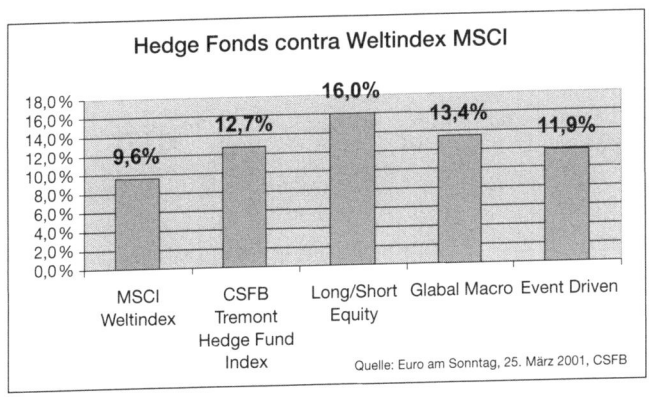

53. Reichtums-Gesetz
Als fortgeschrittener Geldanleger sollten Sie sich bei Ihrem Banker nach solchen Hedge-Dachfonds und Hedge-Zertifikaten erkundigen. Solche Hedge-Konstruktionen können eine hervorragende Ergänzung auf Ihrem Weg zu »Reich ohne Risiko« sein. Wie immer gilt dabei: Investieren Sie nur dann in solche Finanzprodukte, wenn Sie das Produkt Ihrer Bank wirklich verstanden haben.

54. Reich mit Garantiefonds – mehr Schein als Sein?

Seit Jahren auf dem Markt, kommen immer wieder neue Formen dieser so genannten Garantiefonds hinzu. Garantiefonds sollen die ideale Geldanlage für risikoscheue Anleger sein, die dennoch möglichst hohe Gewinnchancen wahrnehmen wollen.

Kritiker bezeichnen solche Garantiefonds schlichtweg als nutzlos. Ihre Begründung: Solche Fonds kosten viel Geld und entwickeln sich selten als Renner. Was steckt nun genau hinter diesen Garantiefonds? Die erste Regel, die im Übrigen nicht nur für solche Garantiefonds, sondern für alle übrigen Garantieprodukte gilt, lautet:

Alles, was mit Garantie zu tun oder als solche bezeichnet wird, kostet Geld!

Grundsätzlich gibt es zwei Formen von Garantiefonds: Entweder kauft die Fondsgesellschaft Aktien und sichert sich mit so genannten Verkaufsoptionen (so genannte Puts) gegen sinkende Aktienkurse ab. Oder aber eine Fondsgesellschaft kauft Anleihen und setzt gleichzeitig zu einem kleinen Teil auf Kaufoptionen (so genannte Calls), um in guten Börsenzeiten überproportional an Aktiengewinnen zu partizipieren. Das eingesetzte Kapital (in der Regel abzüglich des zu zahlenden Ausgabeaufschlages) wird garantiert. Als Preis für diese Garantie partizipiert der Anleger nur begrenzt an der Kursentwicklung der Aktienmärkte, beispielsweise zu 55 Prozent. Die übrigen 45 Prozent gehen an die Fondsgesellschaft.

Diese Strategie beschrieb ein Produktmanager bei Activest im April 2001 laut Bericht im *Handelsblatt* mit »Mit angezogener Handbremse nach oben«. Andere Variationen solcher Garantiefonds sehen vor – um ebendiese Handbremse möglichst gering anzuziehen –, dass ein möglicher Kurssturz bis zu beispielsweise 20 Prozent aufgefangen wird. Im Gegenzug, da sich die Garantie für den Anleger verringert, fällt die Partizipation an möglichen Aktienkursgewinnen höher aus.

»Aber sind solche Fonds nicht für schlechte Zeiten eine gute Anlagealternative?«, fragen sich die Anleger. Ein Blick zurück in die Jahre 1997 und 1998 hilft. Als der DAX im September 1998 mehr als sieben Prozent verlor, lagen Garantiefonds bei Verlusten zwischen 2,3 und 1,3 Prozent deutlich besser. Auch im Jahresvergleich mit Stichtag 30. September 1998 lagen Garantiefonds deutlich besser als entsprechende Vergleichsindizes. Doch bereits über zwei Jahre mit Stichtag 30. September 1998 fielen alle Garantiefonds hinter die jeweiligen Vergleichsindizes zurück. Über vier Jahre sah es noch schlechter aus. So erzielte ein Anleger mit dem DIT Deutsche Aktien RB eine Steigerung von knapp 70 Prozent, während der Deutsche Aktienindex DAX immerhin rund 120 Prozent zulegte.

54. Reichtums-Gesetz

Garantiefonds-Angebote sind alles andere als Magie oder Zauberei. Für den vermeintlich sicheren Weg zu »Reich ohne Risiko« zahlen Sie als Anleger einen hohen Preis. Garantiefonds haben, je nach Ausstattung, eine Menge Tücken. Das, was auf den ersten Eindruck jedes Anlegerherz höher schlagen lässt, also Rendite ohne Risiko, Profit und Sicherheit in einem Produkt vereint, erweist sich in den meisten Fällen als schlichtweg überflüssiges Produkt. Lediglich auf kurzen Strecken erwiesen sich Garantiefonds in der Vergangenheit als erfolgreiche Anlagealternative. Die Erfolgsregeln im Umgang mit solchen Garantiefonds lauten:

1. *Wer langfristig, also mindestens fünf, besser: zehn Jahre ein Vermögen aufbauen will, sollte auf Garantiefonds verzichten.*

2. *Anleger sollten nach Crashs an den Börsen aus Garantiefonds grundsätzlich aussteigen. Sonst partizipieren Sie von der möglichen Erholung nur unterdurchschnittlich und verschenken Geld. Es gilt: Wenn die guten Zeiten für die Börse wieder beginnen, brechen die schlechten Zeiten für Garantiefonds an.*

3. *Kümmern Sie sich um den richtigen Mix aus Chance und Sicherheit lieber selbst. Je nach Risikoneigung investieren Sie einen festen Prozentsatz in Aktien und Aktienfonds, den Rest legen Sie in festverzinslichen, sicheren Zinspapieren oder vergleichbaren Geldanlagen an.*

4. *Sind die Börsenzeiten unsicher, sollten Sie Garantiefonds im Sinne Ihrer Strategie »Reich ohne Risiko« für einen begrenzten Anlagezeitraum in Betracht ziehen.*

55. Dachfonds: Reich mit vermeintlichen Alleskönnern oder schöne Fassade?

Was gäbe es Schöneres, als wenn Anleger sich bei geplanten Fondsinvestitionen um nichts, noch nicht einmal um die Wahl der besten Investmentfonds kümmern müssten, alles würde entsprechend erledigt, und am Ende gäbe es stets Jahr für Jahr satte Gewinne. Solche Aussichten müssten den Anlegern gefallen, dachten sich vor einiger Zeit gewitzte Fondsexperten und schufen den Begriff Dachfonds. Solche Dachfonds versprechen die Auswahl der besten Investmentfonds. Das Ziel: optimale Ergebnisse, bestmögliche Gewinne für den Anleger.

Wie verlockend das Konzept solcher Dachfonds in den Augen der Anleger ist, zeigt folgende Beispiel: Anfang des Jahres 2001 warb die Commerzbank mit dem Slogan »Die erfolgreichsten Fonds in einem Fonds« für den Adig-Dachfonds Best in one World und akquirierte in wenigen Wochen mit diesem neuen Fonds über eine Milliarde Euro an Anlegergeldern. Noch besser erging es der Fondsgesellschaft DWS, die mit dem Dachfonds BestSelect im Oktober 1999 startete. Die Anlegergelder flossen so reichlich, dass der Fonds vorübergehend schließen musste. Was durchaus gut gemeint begann, hat die Bewährungsprobe, zumindest im Zeitraum 2000–2001 nicht bestanden. Zwar sind die Risiken bei der Geldanlage – Reich ohne Risiko lässt grüßen – geringer als bei Investments in einzelne Fonds, auf der anderen Seite ist die Rendite unterm Strich ebenfalls niedriger.

Tatsache ist: Bei den meisten Dachfonds zahlen Anleger nicht nur die Verwaltungsgebühr an das Fondsmanagement des Dachfonds selbst, sondern zusätzlich (indirekt) auch an das Fondsmanagement der vom Dachfondsmanagement ausgewählten so genannten Zielfonds. Das gilt zumindest dann, wenn ein Dachfonds nicht nur in hauseigene Fondsprodukte investiert, was er wiederum nicht tun kann, wenn er das Versprechen »Wir wählen die besten Fonds aus« einhalten will. Die meisten Dachfonds kommen dabei mit zehn bis 20 dieser Zielfonds (also den Fonds, in die die Anlegergelder des Dachfonds wieder investiert werden) aus.

Experten kamen im Zeitraum Juni 1999 bis Juni 2001 zu dem Ergebnis, dass global anlegende Aktienfonds durchschnittlich rund fünf Prozent mehr an Gewinn pro Jahr erzielten als auf Aktienfonds ausgerichtete Dachfonds. Auch wenn den Dachfondsmanagern zugute gehalten werden kann, dass für wirklich aussagekräftige Aussagen noch längerfristige Vergleiche abgewartet werden müssen, ein Rechenbeispiel, was es bedeuten könnte, wenn die Anlage in einzelne, globale Aktienfonds auch künftig den fünfprozentigen Renditevorsprung bringt:

Einmalanlage 10 000 Euro:

Anlagedauer:	Dachfonds 7 Prozent	Globaler Aktienfonds 12 Prozent
10 Jahre	19 700	31 000
15 Jahre	27 600	54 700
20 Jahre	38 700	96 500
25 Jahre	54 300	170 000
30 Jahre	76 100	299 600

Die Zahlen zeigen: Wer noch einige Jahre Zeit für die Investition in Aktienfonds hat, sollte sich eine Investition in Dachfonds gut überlegen. Besonders die Kostenbelastung zehrt an der Rendite. Bis weitere Ergebnisse vorliegen, gilt daher: Dachfonds sind keineswegs ein Weg zu »Reich ohne Risiko«. Im Gegenteil: Zu dem grundsätzlich bei allen Aktienfonds gegebenem spekulativem Risiko kommt bei Dachfonds noch die höhere Gebührenbelastung dazu. Da ist es kein Wunder, dass im Vergleich zum Index über sechs Monate Dachfonds durchschnittlich zwei Prozent weniger Rendite erzielten, über zwölf Monate sogar zwischen vier und zwölf Prozent weniger an Rendite brachten.

55. Reichtums-Gesetz

Dachfonds sind an und für sich keine schlechte Idee. Für Anleger jedoch gilt: Bequemlichkeit hat ihren Preis. Im Fall der Dachfonds in Form der höheren Kosten, die Sie unterm Strich zahlen. Zumindest nach den bis zur Veröffentlichung dieses Buches vorliegenden Vergleichszahlen muss man daher sagen: Dachfonds verringern nicht das Vermögens-(Aufbau-)Risiko, sie erhöhen es sogar. Um das Konzept der Dachfonds abschließend zu beurteilen, ist es noch zu früh. Zurzeit sieht es so aus, als würde das Sprichwort »Viele Köche verderben den Brei« zutreffen. Bis sich nicht nachweislich und schwarz auf weiß Vorteile von Dachfonds herausstellen, setzen Sie bei Ihrem Weg zu »Reich ohne Risiko« lieber auf einzeln ausgewählte Investmentfonds.

56. Fonds für sicherheitsorientierte Anleger

In diesen harten Börsenzeiten häufen sich bei mir, da ich als Chefredakteur diverse Publikationen betreue, die Anfragen verschiedener Leser, in welche Fonds man überhaupt noch langfristig Vertrauen haben könnte. Viele Anleger haben die Nase voll von Fonds, die zwar in Boomzeiten sehr hoch steigen können, dafür jedoch in Baissen teils umso tiefer fallen. Und selbst für diejenigen unter Ihnen, die das Risiko lieben, gilt: **Streuen Sie Ihr Kapital.**

Selten war diese altbekannte Geldregel so wichtig wie in den letzten Monaten. Was können Sie tun? Gibt es überhaupt Fonds, die sich erfolgreich gegen den weltweiten Abwärtstrend stemmen konnten? Die Antwort lautet: Es gibt tatsächlich einzelne Fonds, die in den letzten Monaten im Vergleich zum Markt hervorragend abgeschnitten haben. Dabei handelt es sich um Fonds, die ausschließlich auf substanzstarke Aktien mit stabilen

Erträgen setzen. Auf Aktien solcher Unternehmen, die gemessen an den Verdienstmöglichkeiten des Unternehmens günstig bewertet sind. So genannte **Value-Fonds.**

Einen Fonds dieser Kategorie möchte ich Ihnen heute vorstellen. Es handelt sich um den **Fleming European Strategic Value Fund** (WKN 933 913). Die Wertentwicklung dieses in europäische Werte investierenden Fonds kann sich zum Stand 31. Juli 2001 durchaus sehen lassen:

1/2001 bis 31. 7. 2001   2,5 Prozent
8/2000 bis 31. 7. 2001   10,8 Prozent

Wer auf einen Value-Fonds mit längerer Vergangenheit setzen will (oben genannter Fleming Fonds wurde erst am 14. Februar 2000 aufgelegt), für den kommt der **Morgan Stanley Global Value Equity Fund** (WKN 973 399) infrage. Dieser seit 1989 existierende Fonds hat durchweg seit Auflage den Weltindex MSCI hinter sich gelassen. Im laufenden Jahr erzielte er 2,2 Prozent, über ein Jahr 10,7 Prozent und über drei Jahre immerhin zwölf Prozent pro Jahr.

Dabei gilt: In Boomphasen liegen diese substanzorientierten Fonds, diese Value-Fonds selten auf Spitzenplätzen. Wer auf diese oder andere substanzorientierte Fonds setzt, darf sich in Boomzeiten nicht über die größeren Gewinne der Kollegen und Nachbarn ärgern. Es handelt sich schlichtweg um einen sicherheitsorientierten Fonds, den ich Ihnen auf Grund der zahlreichen Nachfragen empfehlen wollte. Insbesondere auch als Beimischung zu einem Fondsdepot.

56. Reichtums-Gesetz

Setzen Sie mit einem Teil Ihres Geldes auf solche »sicheren« Fondstypen. Bleiben Sie Ihrer Entscheidung auch dann treu, wenn vermeintlich alle anderen Fonds in Boomzeiten viel höhere Gewinne erzielen. Abgerechnet wird zum Schluss. Schon mancher Anleger, der in Boomzeiten mit großen Gewinnen protzte, blieb in schlechteren Börsenzeiten auf hohen Verlusten sitzen.

Auch hier gilt einmal mehr: Erfolgreiche Geldstrategien sind häufig sehr langweilige Strategien. Doch besser auf Dauer langweilig reich werden als auf spannende Weise arm.

56. Warum Sie als Gewinner den Unterschied zwischen Performance und Rendite kennen müssen

Immer wieder werben irgendwelche Produktanbieter oder Verkäufer mit so genannten Performancezahlen. Dann heißt es beispielsweise: »Fonds A erzielte über fünf Jahre eine Performance von 100 Prozent. Damit eine durchschnittliche Performance von 20 Prozent pro Jahr.«

Oder so! Die Leute, die das berechnen oder werbemäßig verkaufen, dividieren einfach die 100 Prozent Gesamtentwicklung durch die Anzahl der Jahre, in unserem Beispiel fünf, und ermitteln so die vermeintliche Wertentwicklung pro Jahr. Das ist Augenwischerei! Schönfärberei! Denn vergessen wird in diesen Fällen der Zinseszinseffekt. Nehmen wir ein extremes Beispiel zur besseren Erklärung: Angenommen, ein Anleger legt eine Million Euro in irgendeinen Investmentfonds an. Der Fondsberater erklärt ihm: In den letzten 100 Jahren hat dieser Fonds insgesamt eine Wertentwicklung von 3000 Prozent erzielt. Das entspricht einer durchschnittlichen Performance von 3000 dividiert durch 100 Jahre = 30 Prozent. Tatsache ist nun: Wenn Sie auf einen Anfangsbetrag von 1 Million Euro jedes Jahr 30 Prozent hinzuaddieren und das Kapital stehen lassen, sind es nach 100 Jahren eben keine 1 Million plus 3000 Prozent, also 31 Millionen sondern 248 000 000 000 000 000 Euro. Also 248 Billiarden Euro. Das ist die Wirkung des Zinseszins. Damit am Ende »lediglich« 31 Millionen herauskommen bei einer Million Anfangseinlage, bedarf es über 100 Jahre lediglich eines jährlich effektiven Zinses von 3,5 Prozent. 1 Million Euro zu jährlich 3,5 Prozent Zins angelegt, ergibt mit Zins und Zinseszins (keine zwischenzeitlichen Entnahmen) am Ende 31 Millionen Euro.

57. Reichtums-Gesetz

Sollten Sie auf solche durchschnittlichen Performancezahlen stoßen, fragen Sie den Berater nach dem effektiven Zins. Kann er (oder sie) Ihnen diesen effektiven Zins nicht nennen, sollten Sie Ihr Geld besser anderweitig verwalten (lassen) bzw. sich anderweitig beraten lassen. Als kleine Hilfe, welche Performancezahl über welche Jahre unterm Strich welchem effektiven Zins entspricht, im Folgenden zwei Tabellen für unterschiedliche Laufzeiten.

Von der Performance zum effektiven, jährlichen Zins

5-Jahres-Perfomance in Prozent	entspricht effektiven, jährlichen Zins bei einem Ausgabenaufschlag von		
	0,0 %	2,5 %	5,0 %
10	1,9	1,4	0,9
20	3,7	3,2	2,7
30	5,4	4,9	4,4
40	7,0	6,4	5,9
50	8,5	7,9	7,4
60	9,9	9,3	8,8
70	11,2	10,7	10,1
80	12,5	11,9	11,4
90	13,7	13,1	12,6
100	14,9	14,3	13,8
110	16,0	15,4	14,9
120	17,1	16,5	15,9
130	18,1	17,5	17,0
140	19,1	18,6	18,0
150	20,1	19,5	19,0
160	21,0	20,5	19,9
170	21,1	21,4	20,8
180	22,9	22,3	21,7
190	23,7	23,1	22,5
200	24,6	24,0	23,4

Von der Performance zum effektiven, jährlichen Zins

10-Jahres-Perfomance in Prozent	entspricht effektiven, jährlichen Zins bei einem Ausgabenaufschlag von		
	0,0%	2,5%	5,0%
30	2,7	2,4	2,2
40	3,4	3,2	2,9
50	4,1	3,9	3,6
60	4,8	4,6	4,3
70	5,5	5,2	4,9
80	6,1	5,8	5,5
90	6,6	6,4	6,1
100	7,2	6,9	6,7
110	7,7	7,4	7,2
120	8,2	7,9	7,7
130	8,7	8,4	8,2
140	9,2	8,9	8,6
150	9,6	9,3	9,1
160	10,0	9,8	9,5
170	10,4	10,2	9,9
180	10,8	10,6	10,3
190	11,2	11,0	10,7
200	11,6	11,3	11,1
210	12,0	11,7	11,4
220	12,3	12,1	11,8
230	12,7	12,4	12,1
240	13,0	12,7	12,5
250	13,4	13,1	12,8
260	13,7	13,4	13,1
270	14,0	13,7	13,4
280	14,3	14,0	13,7
290	14,6	14,3	14,0
300	14,9	14,6	14,3

Das war's!

Gratulation! Sie haben nun in insgesamt 57 Lektionen alles zum Thema »Reich ohne Risiko« erfahren. Gemeinsam haben wir, Sie und ich festgestellt, dass es möglich ist, die gegebenen Risiken so zu reduzieren, dass Sie wirklich nahezu ohne Risiko auf Dauer finanzielle Freiheit erreichen können. Dabei gilt: Nie wird es völlig möglich sein, alle Risiken zu reduzieren und dennoch reich zu werden. Es wird auch nie möglich sein, in wenigen Wochen, Monaten oder Jahren reich zu werden, ohne ein (kalkulierbares) Risiko einzugehen. Hinzu kommt: »Risiko« ist stets etwas Individuelles. Wer beispielsweise mehrere hunderttausend Euro besitzt, für den ist Risiko etwas anderes als für denjenigen, der nur wenige tausend Euro besitzt. Verliert Ersterer mehrere tausend Euro, wird er kaum von Risiko sprechen, der zweite Anleger jedoch wäre möglicherweise ruiniert.

Eine persönliche Bitte habe ich: Bevor Sie Risiken in Sachen Geldanlagen eingehen, machen Sie sich Ihre Ziele klar. Warum wollen Sie mehr Geld? Für welche Ziele wollen Sie mehr Geld? Angenommen, Sie sind 35 Jahre jung und wollen mit spätestens 58 Jahren finanzielle Freiheit erreicht haben, dann sind es bis dahin noch 23 Jahre Anlagedauer. Dann gibt es wahrlich keinen Grund, dass Sie bereits in den nächsten ein, zwei Jahren Millionär werden wollen und dafür plötzlich Risiken eingehen, die nicht unbedingt sein müssen. Wenn Sie bereits älter sind und Ihr Geld mehr beschützen und verwalten als vermehren wollen, gelten für Sie wieder andere Regeln als für denjenigen, der 17 Jahre jung ist und über viele Jahrzehnte ein Vermögen ansparen will.

Dabei gilt auch: Machen Sie niemals die Ziele anderer zu Ihren eigenen Zielen. Wenn beispielsweise Freunde, Verwandte und Bekannte damit prahlen, wie sie in wenigen Monaten an der Börse reich werden und was sie sich künftig wegen der Gewinne alles leisten können, dann nehmen Sie das mit aller Gelassenheit so hin. Finden Sie Ihre Ziele. Dann legen Sie Ihre Strategie fest. Das ist alles. »Reich ohne Risiko«, das bedeutet auch »Reich bleiben ohne Risiko«. Wenn Sie auf Dauer finanzielle Freiheit erreichen wollen, dann bedeutet das nicht nur, Geld möglichst clever, mit möglichst hohem Gewinn und geringem Risiko anzulegen. Es bedeutet auch, dass Sie Ihr Geld beschützen sollten. Berücksichtigen Sie stets das Ablaufmanagement.

Die wichtigste Botschaft lautet: Bringen Sie die Dinge in Ordnung. Halten Sie Ihre Finanzen in Ordnung. Übernehmen Sie Verantwortung, was bedeutet: Treffen Sie nur solche Geldentscheidungen, bei denen Sie die Gründe für ebendiese Geldentscheidung nennen und vertreten können. Der Weg zu finanziellem Erfolg und Reichtum folgt einfachen Gesetzmäßigkeiten und Mechanismen. Es sind universal gültige Gesetzmäßigkeiten und Mechanismen. Wenn Sie diese Regeln beachten, steht Ihrem finanziellen Reichtum nichts im Wege. Wenn Sie diese maßgebenden Regeln missachten, sind Sie auf Dauer erledigt. Machen wir es daher ein wenig besser. Machen Sie es ein wenig besser. Wenden Sie die in diesem Buch beschriebenen Gesetzmäßigkeiten und Mechanismen an.

Viel Erfolg!

Ein persönliches Dankeschön

Einmal mehr bedanke ich mich bei Bianca, meiner Frau, Partnerin, Lebensgefährtin. Bei jedem neuen Buch, bei jedem Projekt lässt sie mir auf unglaublich tolle Weise jede Zeit, jeden Freiraum – gleich zu welcher Tages- oder Nachtzeit –, den ich brauche. Sie unterstützt mich auf wundervolle Art, motiviert, lobt und kritisiert. Danke, Bianca! Ebenfalls bedanke ich mich bei Werner Dütting, der als wohl einer der jüngsten Finanzjournalisten und Mitarbeiter im Finanz-Institut Klöckner KG sowie im Klöckner-Institut zahlreiche eigene Berechnungen auf meinen Wunsch mit Erfolg durchgeführt und in dieses Buch eingebracht hat. Mein Dank gilt insbesondere auch Monika König und ihrem gesamten Verlagsteam sowie Thomas Montasser von der Montasser Medienagentur in München. Last but not least sage ich Danke an die vielen zehntausend treuen Leserinnen und Leser meiner Bücher. Viele haben mir im Laufe der letzten Jahre eigene Geldgeschichten geschildert. Mit vielen hatte ich telefonisch oder gar persönlich Kontakt. Dieses Miteinander ist ein wesentlicher Baustein für den Erfolg aller bisherigen Veröffentlichungen.

REGISTER